Die ursprüngliche Wohlstandsgesellschaft

Fröhliche Wissenschaft 241

Marshall Sahlins

Die ursprüngliche Wohlstandsgesellschaft

Aus dem Amerikanischen von
Heide Lutosch

Herausgegeben und mit einem Vorwort von
Andreas Gehrlach

Matthes & Seitz Berlin

Inhalt

»Wozu etwas pflanzen, wenn doch die Welt voller Mongongo-Nüsse ist?«

von Andreas Gehrlach

Können Sozialisten glücklich sein?

In den 1940er-Jahren arbeitete George Orwell an *1984,* seinem berühmten dystopischen Roman über absolute Überwachung, Kriegswirtschaft und medial verzerrte Wahrheit. Nebenher schrieb Orwell in dieser Zeit einen kurzen Essay über die Frage: »Can Socialists be Happy?«,[1] und seine Antwort ist, kurz gefasst: Nein. Ein ernst gemeinter Sozialismus, so Orwell, kann niemals Glück versprechen, sondern nur eine streng solidarische, aufrechte Gemeinschaft aller Menschen, die sich selbst beschränken, die aufeinander Rücksicht nehmen und die in allen ihren Entscheidungen skrupulös selbstkritisch sind. Sozialist:innen können Orwell zufolge nie ein heiteres Leben versprechen, sondern nur einen ewigen Prozess mühevoller Gerechtigkeit.

Wahrscheinlich ist es der Kern von Marshall Sahlins' Lebensprojekt, dieser sozialistischen Biederkeit und Langeweile zu widersprechen. Sahlins war ein entschieden antiautoritärer Linker, ein unablässiger Kapitalismuskritiker, der Erfinder der *Teach-ins* und er war neben Claude Lévi-Strauss und Marcel Mauss einer der wichtigsten Ethnologen und Anthropologen des letzten Jahrhunderts. Alle seine Texte sind von einem Feingefühl für wissenschaftlich-kleinteilige Fragen und von einer tief humanistischen menschlichen Heiterkeit durchströmt, die man schelmisch oder gewitzt nennen kann, die aber immer darauf zielt, Machtformationen, Großtuerei und skurrile, unnütze Ausbeutung infrage zu stellen. Sahlins starb im April 2021, und alle Nachrufe betonen, was für ein streitbarer Wissenschaftler der berühmte Ethnologe war. Er schätzte klar geführte Diskussionen und er schreckte vor akademischen Kontroversen nicht zurück. Aber die Nachrufe betonen auch, dass Sahlins einen großen Sinn für Humor hatte. Sein Bruder Bernie, mit dem er lebenslang eng verbunden war, war der Gründer des berühmten *Second City Comedy Club* in Chicago, und auch Marshall hatte ein Talent zum Comedian. Am besten kann man seinem Humor in einem Band mit dem Titel *What the Foucault?* nachspüren,[2] in dem die etwas nerdigen, aber durchaus lustigen Witze aus Sahlins' Stand-up-Comedy-Programm versammelt sind, das er bei den sonst recht ernsten Treffen der *Association of Social*

Anthropologists aufführte. Man darf Sahlins aber nicht auf einen Witzeerzähler reduzieren, denn sein Lebenswerk, das ihn 1973 als Professor an die University of Chicago führte, hat ihn zu einem der meistzitierten Anthropologen, Geschichtstheoretiker und Kulturkritiker der letzten fünfzig Jahre gemacht. Aber sein Gespür für pointierte, überraschende Thesen, für ein präzises sprachliches Timing und dafür, komplexe wissenschaftliche Gedankengänge auf eine unterhaltsame und prägnante Weise zu vermitteln, ist in jedem seiner Texte und auch in der *Ursprünglichen Wohlstandsgesellschaft* erlebbar.

Wie reich waren die ursprünglichen Wohlstandsgesellschaften?

Sahlins' hier von Heide Lutosch zum ersten Mal ins Deutsche übersetzter Text und die an ihn anschließenden Debatten stellten immer wieder die Frage: Wie gut ging es den Gesellschaften der Steinzeit und wie ertragreich ist die Wirtschaftsform der noch existierenden *hunter-gatherer*-Kulturen? Diese Frage ist im Grunde einfach zu beantworten, denn nach streng wirtschaftswissenschaftlichen Parametern betrachtet, sind die ursprünglichen Wohlstandsgesellschaften arm. Versuche, ökonomisch zu berechnen, welcher

Geldwert von ihnen produziert wird, kamen auf etwa 1,10 US-Dollar pro Person und Tag. Das ist deutlich unterhalb der Armutsgrenze und würde heute kaum mehr irgendwo auf der Welt ausreichen, um zu überleben: Ein Dollar pro Tag bedeutet in kapitalistischen Gesellschaften absolute und bittere Armut.

Diese Zahl stammt aus einem 2018 veröffentlichten Onlineartikel von David Graeber, einem der prominentesten Doktoranden von Marshall Sahlins, in dem er zusammen mit seinem Kollegen David Wengrow zeigt, dass in den Gesellschaften von paläolithischen Sammler- und Jäger:innen der Wert von ebenjenen 1,10 US-Dollar pro Tag und Person erwirtschaftet wurde. Aber sie machen auch deutlich: Dieser Vergleich funktioniert nicht. Denn um ein gutes Leben zu leben, muss in modernen Gesellschaften zwar viel mehr Geld zur Verfügung stehen, aber die Menschen des Paläolithikums hatten einerseits geringere Bedürfnisse und andererseits hatten sie in anderen Bereichen einen Lebensstandard, der heute nur sehr wohlhabenden Menschen zukommt.

> Wenn wir einen Vergleich mit den heutigen täglichen Einkommen ziehen, müssen wir auch all die anderen Dinge einberechnen, die die paläolithischen Sammler umsonst bekommen haben, die wir selber aber teuer bezahlen

müssten: Sicherheit war umsonst, Konfliktlösung, Grundausbildung, Seniorenpflege und medizinische Behandlung waren umsonst. Und da sind auch die Kosten für Unterhaltung noch nicht einberechnet: Was ist mit Musik, Geschichtenerzählen, religiösen Dienstleistungen? Und wenn es zur Nahrung kommt, müssen wir die Qualität mitbedenken: Letztlich sprechen wir dabei nämlich von 100 Prozent biologischen Freilandprodukten, heruntergespült mit dem klarsten natürlichen Quellwasser. Wir geben einen großen Teil der gegenwärtigen Einkommen für Hypotheken und Miete aus. Dagegen stehen die Campinggebühren auf den besten steinzeitlichen Zeltplätzen entlang der Dordogne und der Vézère, und man darf auch nicht die allerbesten Abendkurse in naturalistischer Felsmalerei und Elfenbeinschnitzerei vergessen – und all die Pelzmäntel! Ganz bestimmt kostete das sehr viel mehr als 1,10 US-Dollar pro Tag, sogar dann, wenn man den Wert des Dollars von 1990 zugrunde legt. Nicht umsonst hat Marshall Sahlins von den Sammlern als den ursprünglichen Wohlstandsgesellschaften gesprochen. So ein Leben wäre heute alles andere als günstig.[3]

Keine Miete, keine Steuern, gegenseitiger Schutz, freie Bildung, Volkshochschulkurse in Felsmalerei und Pelzmäntel aus Bären- und Hermelinfellen, und all das in einer solidarischen Ökonomie. Was Graeber und Wengrow hier mit einem guten Schuss Ironie beschreiben, ist nicht nur im Tonfall deutlich von Sahlins beeinflusst, sondern zeigt auch, dass der Umgang mit harten Daten zur Ökonomie von gegenwärtigen und untergegangenen Sammler:innengesellschaften einerseits nicht leicht ist und andererseits auch nicht im Zentrum der Argumentation steht. In der langen Debatte, die sich an die Veröffentlichung der *Ursprünglichen Wohlstandsgesellschaft* anschloss und deren Argumente und Gegenargumente ein ganzes Buch füllen könnten, wurde die Frage nach der Verlässlichkeit der angeführten Daten immer wieder ins Zentrum gerückt. In keinem Aufsatz geschah dies so scharf wie in David Kaplans »The Darker Side of the Original Affluent Society«,[4] in dem die Zuverlässigkeit der von Sahlins benutzten Daten grundsätzlich infrage gestellt wurde. Dennoch hat sich die Anthropologie in den letzten Jahrzehnten letztlich auf Sahlins' Seite geschlagen. Der einen guten Forschungsüberblick gebende Aufsatz der Kulturanthropologin Nurit Bird-David »Beyond ›The Original Affluent Society‹: A Culturalist Reformulation« stellt ebenfalls die mangelhafte Strenge der Sahlins'schen

Argumentation fest, betont und bestätigt die dahinterliegende Logik aber ebenso wie die elf zwar teils kritischen, aber grundsätzlich übereinstimmenden Kommentare, die mit ihm veröffentlicht wurden.[5] Die in der Forschung meistdiskutierte Frage war, wie viele Stunden die Jäger:innen und Sammler:innen denn nun wirklich zu arbeiten hatten, und viele Berechnungen kamen auf mehr als die drei bis fünf Stunden pro Tag, die Sahlins ursprünglich veranschlagt hatte. Aber auch die höchsten Einschätzungen blieben meist unter der durchschnittlichen Arbeitszeit von acht oder neun Stunden, die Arbeiter:innen und Angestellte in Industriegesellschaften heute täglich ableisten müssen.

Die wahrscheinlich härteste Kritik lehnt aber schlicht die Prämisse als sozialromantische Fantasie ab: Der beschriebene Zustand ist dieser Haltung zufolge eine naive und gefährliche Anknüpfung an die Fantastereien eines Schlaraffenlandes, das mit keinen politischen Mitteln zu erreichen und mit keinem durchführbaren politischen Programm verbunden ist. Diese Haltung ist in sich stimmig, aber die Argumentation wird dadurch verschoben: Damit befindet man sich plötzlich in einer politischen und nicht mehr in einer wissenschaftlich-anthropologischen Debatte, und genau da stoßen Kritiker:innen und Verfechter:innen der modernen Wohlstandsgesellschaft aufeinander. Der Kern des Arguments von Sahlins' Text ist inzwischen in der Ethnologie und Anthropologie zum wissenschaftlichem Konsens geworden: Das Leben als Jägerin oder als Sammler in Südfrankreich vor 50 000 Jahren oder als !Kung im Kalahari-Becken ist auf eine seltsame Weise hoch attraktiv. Dort wird ein angenehmes Leben in einer auf Vertrauen gegründeten Gesellschaft geschildert, die in einem kooperativen Verhältnis zur Natur steht. Sie führt keinen Kampf gegen die Natur, sondern betrachtet sich als Teil einer Art kosmischen Zusammenhangs mit ihr. Die Haltung gegenüber der natürlichen Umwelt und ihren tierischen und geisterhaften Bewohner:innen ist nicht extraktiv, im Gegenteil, beide sind etwas, das nicht grundsätzlich von den Menschen getrennt ist, womit auf Augenhöhe kooperiert wird, sodass eine Situation des Austauschs und ein Verhältnis der Zusammenarbeit und des Vertrauens zwischen allen Wesen entsteht.[6] Die Jäger:innen der Altsteinzeit erwirtschafteten durch die Hasenjagd und das Wurzelsammeln keinen Überfluss, und ihr Überleben war auf gutes Pflanzenwachstum und auf unberechenbaren Jagderfolg angewiesen. Auch das ewige Umherziehen in kleinen Gemeinschaften, die harten Winter in Zelten und ein dauernder niedrigschwelliger und verhandlungsaufwändiger Konflikt mit anderen Gruppen führten gewiss nicht zu einem Leben in der Campingidylle, die Graeber und Wengrow beschreiben.

Die Entscheidung, die These von der ursprünglichen Wohlstandsgesellschaft anzuerkennen oder abzulehnen, ist vor allem in der Haltung der Wissenschaftler:in zur modernen Industriegesellschaft begründet, die als unumgänglich oder als Fehlentwicklung wahrgenommen wird. Für Sahlins und seine Verteidiger:innen – zu denen auch ich gehöre – ist klar: Wir leben heute ebenfalls keineswegs in einer Idylle. Wir leben in einem wild gewordenen Kapitalismus, der nicht nur die Menschen ausbeutet und auslaugt, sondern der das Leben auf der ganzen Erde gefährdet. Reich wurden die Jäger und Sammler:innen nicht, aber reich zu werden ist auch im 21. Jahrhundert mit seinen riesigen staatlichen Konzernrettungen, Kriegen, Pandemien und mit einer künstlich angetriebenen Inflation nicht mehr möglich. Diese ökonomische Misere wird ergänzt durch Staaten, die immer rigider gegen die Proteste ihrer Bevölkerungen vorgehen, Parlamente mit immer größeren nationalistischen und rechtsextremen Fraktionen und eine blinde Grausamkeit gegen Menschen, die aus den Gegenden flüchten mussten, in denen die Staaten endgültig autoritär werden oder die Ökonomie und das Klima zusammenbrechen. Das Leben im 21. Jahrhundert ist das Leben in einer andauernden, brüllenden

Katastrophe. Dagegen wirkt ein Leben, in dem man mit Freunden in der frischen Luft einer unberührten Natur jagen geht, Beeren sammelt und abends im Pelzmantel am Lagerfeuer sitzen kann, sehr attraktiv, insbesondere wenn die Alternative das ist, was wir alle kennen: Ein Leben lang jeden Morgen nach dem Weckerklingeln mit einem Kaffeebecher in der Hand aus der Mietwohnung eilen, um im Stau oder in einer überfüllten U-Bahn in ein Büro zu kommen, wo man sich in einem *bullshit job*[7] den Rücken auf einem Drehstuhl und die Augen vor dem Computerbildschirm kaputt macht. Und dieser ununterbrochene *hustle* dient dazu, sich abends eine Pizza, ein Bier und ein Netflix-Abo leisten zu können, und vielleicht eine Mitgliedschaft im Fitnessstudio, die man auch nur braucht, weil man nicht mehr Jagen oder Beerensammeln geht. Und im Sommer macht man ein paar Tage Camping- oder Wanderurlaub, der das Leben als Jäger:in und Sammler simuliert. Gleichzeitig zählen solche Schreibtischjobs im Neoliberalismus noch zu den privilegiertesten aller Arbeitsformen: Viele, sehr viele Menschen arbeiten heute in wirtschaftlichen Bereichen, die noch entfremdeter sind, die die Körper langfristig noch mehr belasten und die ökonomisch noch ausbeutender sind. Gewiss: All das ist pointiert argumentiert und es kann mit einem Stirnrunzeln als sozialromantische Träumerei beiseite gewischt werden, aber in dem Gedanken, dass es eine ganz andere, attraktive Lebensform gibt, liegt so viel Wucht und Wahrheit, dass Sahlins' kurzer Text zu einem Geheimtipp wurde, der die Perspektive vieler Menschen auf unsere Zivilisation grundlegend verändert hat.

Der größte Fehler der Menschheitsgeschichte

Sahlins beschäftigte sich vor allem mit dem Leben der Jäger:innen und Sammler:innen. Ab den 1980er-Jahren wurden Forschungen unternommen, die herauszufinden versuchten, wie das Leben in den ersten Städten aussah, die entstanden, als die nomadische Lebensform aufgegeben und mit Landwirtschaft und Viehzucht begonnen wurde. Die Archäologie und die Frühgeschichte trugen dabei Datenmaterial zusammen, das immer wieder bestätigt, dass es rückblickend ein großer Fehler gewesen sein mag, die Lebensweise des Jagens und Sammelns aufzugeben und stattdessen in Dörfern und Städten von der Landwirtschaft zu leben.

Die Neolithische Revolution, mit der vor etwa 10 000 Jahren die sesshafte Landwirtschaft begann, war zunächst keineswegs eine Erfolgsgeschichte. Von Jared Diamond wurde sie sogar als

»The Worst Mistake in the History of the Human Race« bezeichnet.[8] Ackerbau und der Bezug fester Dörfer aus Lehm und Stein bedeutete für ihre Bewohner:innen einen deutlichen Einbruch in der Lebensqualität: Plötzlich lebten sie in Städten mit Mauern und in engen Häusern, und die Erträge ihrer Arbeit wurden von Herrscher- und Priesterfiguren abgeschöpft, die es vorher nicht in dieser Form gab. Allein diese Überwachung und Ausbeutung bedeutete schon eine Verschlechterung, aber Ausgrabungen offenbarten, dass insbesondere die Körper der Menschen zu leiden hatten. Vor allem veränderte sich mit der Neolithischen Revolution nämlich die Nahrung der Menschen: Die Ernährung nomadischer Gruppen war so abwechslungsreich wie das von ihnen durchwanderte Land; sie konnten auf Dutzende Sorten Beeren, Obst, Körner, Schalenfrüchte, Wurzeln, Pilze und verschiedenste Proteinquellen – Fische, Groß- und Kleinwild – zurückgreifen. Sesshaftlandwirtschaftliche Gruppen ernährten sich dagegen einseitig von ihrem angebauten Getreide, das zu Brot, Brei und Bier weiterverarbeitet wurde. Andere Nahrungsressourcen im Umkreis der Städte und Dörfer waren schnell erschöpft.

Der Getreideanbau veränderte auch die Art der Arbeit: Getreide brauchte eine intensive tägliche und eintönige Arbeit auf dem Acker, die mehr Zeit in Anspruch nahm, als das zu sammeln, was die Natur gerade anbot. Darüber hinaus war der Getreideanbau auf ein gleichbleibendes und berechenbares Klima und ebenso auf politische Stabilität angewiesen; sesshafte Populationen konnten bei wiederholten Missernten, beim Aufmarsch eines feindlichen Heeres oder wenn ein Herrscher zu hohe Steuern erhob nicht mehr so leicht in andere Gegenden ausweichen, wo die klimatischen Verhältnisse günstiger waren, wo der Boden noch nicht ausgelaugt war oder wo Frieden herrschte. Die Städte waren von Klimaveränderungen und politischen Krisen viel unmittelbarer und existenzieller bedroht als die fluiden nomadischen Gemeinschaften, die sich jeder Ausbeutung oder Kargheit entziehen konnten – und das auch taten, indem sie sich in die Gebirge, Wälder, Sümpfe und generell ins Hinterland zurückzogen. Von dort aus bedeuteten diese nomadischen Banden, die nicht immer friedliebend waren, eine weitere Bedrohung für die Getreidespeicher und Viehherden, schlicht weil es ziemlich einfach war, sich an den Viehherden zu bedienen, die in der Nähe der Städte und Dörfer auf den Weiden standen.

Das mag nach historischer Spekulation klingen, weil es auf paradigmatische Weise die Politik und Ökonomie der nomadisch-sammelnden Lebensweise der sesshaft-landwirtschaftlichen Lebensform entgegenstellt. Dieses normative Argument, das bei Graeber und Wengrow und auch bei Sahlins mit einem gewissen Augenzwinkern vorgebracht wird, ist jedoch von der Archäologie im Großen und Ganzen empirisch bestätigt worden. Messungen an Skelettfunden zeigen die extremen Veränderungen, die die Bevölkerungen der ersten Städte durchmachten: Die durchschnittliche Lebenserwartung sank im Verlauf der Neolithischen Revolution von 26 auf 19 Jahre ab.[9] Während die Körpergröße nomadisch lebender Gruppen für Frauen bei etwa 167 Zentimetern lag, sank sie in den Städten auf 152 Zentimeter ab, bei Männern von 180 auf 162 Zentimeter.[10] Und die Skelette verraten noch mehr: Sesshafte Menschen hatten weit mehr unter Infektionen und Mangelernährung zu leiden und sogar ihre Gehirne schrumpften. Die Körper der Menschen, die nicht aus den Städten in die Wälder und Wildnisse zu ihren renitent nomadisch bleibenden Geschwistern flüchteten, litten offenbar sehr unter der Sesshaftwerdung, der Landwirtschaft und der Staatenbildung: Sie wurden nicht nur kränklicher und kurzlebiger, sondern auch andere Details ihrer Physiologie änderten sich. Eine besonders markante Veränderung der Körper ist nur bei Frauenskeletten zu beobachten: Bei ihnen zeigen sich eine Deformation der Knie sowie dauerhaft nach hinten gebogene Zehen; beides kommt von der Methode der Getreideverarbeitung: Um dieses Hauptnahrungsmittel essbar zu machen, musste es gemahlen werden. Das war eine mühsame Arbeit, die mit auf dem Boden liegenden Reibesteinen durchgeführt wurde, vor denen man auf Knien und Zehen hocken musste.[11] Dieses Getreidemahlen, das für die Frauen in den patriarchalen neolithischen Siedlungen jeden Tag mehrere Stunden anstrengender Arbeit bedeutete, war so kraftaufwändig, dass die Armmuskulatur dieser Frauen stärker ausgebildet war als die moderner Hochleistungsathletinnen.[12] Dazu kam, dass Frauen, wie Angela Saini betont, über mehrere Generationen dazu gezwungen wurden, immer mehr Kinder zu bekommen, und daher immer mehr auf die Rolle der Mutter und der Zubereiterin von Mahlzeiten reduziert wurden.[13]

Die extremen körperlichen Veränderungen, die schlechtere Gesundheit und die kürzere Lebenserwartung in den neolithischen Siedlungen sind aber nicht nur auf den Getreideanbau und das Leben in hierarchischen Staatenwesen zurückzuführen. Ein weiterer Grund für die schlechtere Gesundheit der Menschen in den frühen Städten bestand schlicht in der Enge der Lebensverhältnisse und den daraus folgenden Konsequenzen: Plötzlich lebten viele Menschen auf kleinem Raum zusammen, und das nicht nur mit anderen Menschen, sondern auch mit Tieren. Diese

Tiere waren nicht nur die gezielt domestizierten Schafe, Kühe, Schweine, Ziegen und Hühner, sondern auch Schädlinge wie Ratten, Läuse, Bettwanzen, Mäuse, Schaben, Flöhe und Fledermäuse. Auf diese Schädlinge wurde wiederum mit der Zähmung von Hunden, Katzen oder Frettchen reagiert. All das machte die frühen Städte zu Orten, an denen unablässig neue Krankheiten entstanden, die sich zu Epidemien entwickeln konnten und die mit der tendenziellen Fehlernährung zu einem dauernd erhöhten Entzündungslevel in den Körpern der Stadtbewohner:innen führten.

Auch die Abfallentsorgung ist dabei von Bedeutung: Die Ausscheidungen der Stadtgesellschaften wurden nicht mehr, wie bei nomadischen Gruppen, einigermaßen gleichmäßig über die Landschaft verteilt, sondern sammelten sich mit allen darin enthaltenen und entstehenden Keimen in der Nähe der Wohnorte, was fast zwangsläufig zu einer Verunreinigung des Trinkwassers führte. Die vom Ackerbau lebenden frühen Menschenstaaten erlebten die desaströsen Auswirkungen der Neolithischen Revolution mit so großer Härte, dass James C. Scott annimmt, dass die Mauern der ersten Städte nicht nur gebaut wurden, um Feinde draußen zu halten, sondern auch, um die Stadbewohner:innen einzusperren. Scott benutzt für die frühen Städte die Bezeichnung »late-Neolithic multispecies resettlement camps«.[14] Diese Darstellung lässt die frühen Städte als dreckige, totalitär verwaltete Orte mit Zwangsarbeit, Unterdrückung, Patriarchat und schlechtem Essen erscheinen. Auch hier werden von vielen der an der Debatte beteiligten Wissenschaftler:innen grelle Farben verwendet und die Unterschiede deutlich herausgestrichen.

Dieser Kontrast muss nicht unbedingt ganz so extrem gesehen werden, aber immer wieder werden die Mitglieder nichtsesshafter Gruppen mit Sätzen zitiert, die zeigen, dass sie nicht verstehen, wie Menschen in Städten und Dörfern leben können. Der schönste und am bekanntesten gewordene Satz, der auch die Überschrift dieser Einführung ist, stammt von einem Mitglied der Hadza: »Wozu etwas pflanzen, wenn doch die Welt voller Mongongo-Nüsse ist?«[15] Ein paar Jahre vor Sahlins hatte Colin Turnbull die Vorbehalte der nomadisch im Wald lebenden Mbuti gegenüber ihren dorfbewohnenden Nachbarn beschrieben:

> Das war weniger eine Abneigung, sondern eher Verwunderung darüber, dass sie so dumm sein konnten, lieber in diesen heißen und staubigen Dörfern zu leben und so hart zu arbeiten, wie sie es tun, und so anfällig für all die Krankheiten und Konflikte zu sein, die ein

> sesshaftes Leben mit sich bringt, als so zu leben, wie es »echte« Menschen tun, in einem kühlen Wald, der alles an Nahrung, Unterkunft und Kleidung bietet, was man sich nur wünschen kann, und das mit sehr wenig Arbeit und mit einem Minimum an Konfliktpotenzial.[16]

Jagende und sammelnde Nomad:innen waren zu keinem Zeitpunkt leicht zu überzeugen, in die Dörfer und Städte zu ziehen, und alle Argumente dafür, ein »zivilisiertes«, sesshaftes Leben anzufangen, müssen die Freiheit aufwiegen, die in der Natur erlebt werden kann, von der man sich, ausgestattet mit traditionellem Wissen, leicht ernähren kann.

Man muss vorsichtig sein, um aus der Forschung, die von Sahlins' *Wohlstandsgesellschaft* angestoßen wurde, nicht eine Idealisierung der vorlandwirtschaftlichen Lebensweise werden zu lassen. Sahlins scheint ein paradiesisches Idyll zu beschreiben, eine naive Vorstellung, die alte Ideen von einem leichten, unbeschwerten Leben im Schlaraffenland hervorruft und die zu einer radikalen und intellektuell teils wenig überzeugenden technik- und zivilisationskritischen Rezeption einlädt. Und vielleicht ist Sahlins' Vorstellung an einigen Punkten wirklich unterkomplex, aber als Leitidee war sie wissenschaftlich ausgesprochen wirksam und hat in ihrer Rezeption eine immense Produktivität und Kreativität hervorgebracht: Es gibt eine große Zahl an Büchern, die letztlich so etwas wie eine Erweiterung von Sahlins' Argument darstellen. Dazu gehören Pierre Clastres *Staatsfeinde*, die weiter unten nochmals erwähnt werden, Yuval Noah Hararis *Sapiens*, James C. Scotts *Die Mühlen der Zivilisation*, Angela Sainis *Patriarchs,* James Suzmans *Sie nannten es Arbeit*, John Zerzans *A People's History of Civilization*, Elizabeth Fishers *Women's Creation* oder David Graebers und David Wengrows *Anfänge* können alle als Kommentare, Erweiterungen oder vorsichtig korrigierende Kritiken an Sahlins' ursprünglicher These gelesen werden, der zufolge die Menschheit die meiste Zeit ihrer zweihunderttausendjährigen Existenz nur sehr wenig gebraucht hat, um glücklich zu sein. Und alle diese Bücher, die zum Teil auch Kritik an Sahlins üben – er habe nicht alle Formen von Arbeit einberechnet, er sei idealisierend vorgegangen, er mache unzulässige historische Vergleiche oder habe andere, arbeitsamere ursprüngliche Gesellschaften unterschlagen –, sind sich einig darin, dass unsere Zivilisation einen falschen Weg eingeschlagen hat, der dringend korrigiert werden sollte. Die Rezeption von Sahlins' Buch darf daher nicht nur auf das wissenschaftliche Feld beschränkt werden, denn für viele Leser:innen war *Die ursprüngliche*

Wohlstandsgesellschaft, wie der Titel in Heide Lutoschs Übersetzung lautet, auch biografisch prägend: Diese Seiten zu lesen, die zeigen, wie ein anderes Leben möglich ist als das, das den Planeten zerstört, das zig Millionen Tonnen Schrott und Abfall produziert und niemanden glücklich macht, hat in vielen Menschen etwas ausgelöst, das sie ein Leben lang begleitet. Die Ethnologie dieser Zeit versprach »Alternativen zu Kapitalismus und Materialismus« und Sahlins kleiner Text führte dieses Versprechen am deutlichsten vor.[17]

Paris im Jahr 1968 und die Mondlandung

Die *Ursprüngliche Wohlstandsgesellschaft* ist voller versteckter Anspielungen: Der »Zen-Weg zum Überfluss«, den Sahlins beschreibt, zitiert Jack Kerouacs Roman *Gammler, Zen und Hohe Berge*, in dem Kerouac mit den Beatniks von einer »Rucksackrevolution«[18] träumt, in der Menschen lernen, mit wenig Eigentum glücklich zu sein. Die Beatniks waren Träumer, die in den 1950er-Jahren etwas wie die ersten Hippies darstellten und die sich unbedingt vom Leben in der US-amerikanischen Mainstreamkultur lösen wollten. Sie lebten in einer historischen Phase ökonomischen Aufschwungs, in der die westlichen Gesellschaften sich ziemlich sicher waren, alles richtig zu machen. Dieser wirtschaftlich-eurozentrische Optimismus der Fünfziger- und frühen Sechzigerjahre fand seinen besten Ausdruck in einem Buch des Harvard-Ökonomen John Kenneth Galbraith von 1958: *The Affluent Society*, in dem Galbraith annahm, dass nun eine Phase immer größeren Reichtums beginnen würde und dass es die Aufgabe der Staaten sei, diesen Überfluss in die Infrastruktur und in gemeinschaftliche Projekte weiterzuleiten: Alle Familien sollten, so der Traum der 1950er-Jahre, ein Auto, einen Fernseher, ein Haus, eine Waschmaschine und einen Sommerurlaub bekommen, und diese industrielle Warenwelt wurde als potenziell unendlich steigerbar vorgestellt.

Die *Original Affluent Societies* von Marshall Sahlins sind eine direkte Antwort auf das Buch Galbraiths, aber sie schlagen einen ganz anderen Ton an. Am besten lässt sich dieser Tonfall verstehen, wenn man den Kontext aufruft, in dem Sahlins zu dieser Zeit arbeitete: Ende der Sechzigerjahre lebte er für einige Jahre in Paris, wo er an seinem Buch über die *Stone Age Economics* arbeitete, in dem der in diesem Band präsentierte Text das erste Kapitel darstellt. Das Buch erschien 1972 in New York, aber man merkt ihm den Einfluss der französischen Theorieszene an, die damals in Frankreich eine Revolution vorbereitete, die 1968 fast alle westlichen Gesellschaften erfasste und die den selbstzufriedenen bürgerlich-kapitalistischen Optimismus der Nachkriegsgesellschaften infrage stellte. Sahlins hatte im Jahr 1966 einen Vortrag zum Thema der Steinzeitökonomie bei der legendär gewordenen *Man the Hunter*-Konferenz gehalten und der Aufsatz war eine Ausarbeitung seiner Thesen, die schon damals für Gesprächsstoff sorgten.

Kurz nach der Konferenz reiste er nach Paris und kam dort mit den bedeutenden Denker:innen dieser Zeit in Kontakt, etwa mit Claude Lévi-Strauss und Michel Leiris, aber auch mit Simone de Beauvoir und Jean-Paul Sartre, in deren *Les temps modernes* die »Ursprüngliche Wohlstandsgesellschaft« im Oktober 1968 in einer ersten, kürzeren Fassung erschien.[19] De Beauvoirs und Sartres Gründungsidee der Zeitschrift *Les temps modernes* war der Gedanke einer »engagierten Literatur«, was auch in Sahlins Text als eine Art »engagierte Wissenschaft« spürbar ist, die einem klaren politischen Programm folgt. Dieses Programm einer engagierten Wissenschaft wurde in dieser Zeit in keinem Feld so intensiv vorangetrieben wie in der Anthropologie, die sich zu dem entwickelte, was man heute als »Politische Anthropologie« versteht, die aus der Ethnologie nichteuropäischer Gesellschaften eine antiautoritäre, entschieden linke Kritik des Kapitalismus und des Staates entwickelte. Das Vorwort zur ersten französischen Übersetzung der *Ursprünglichen Wohlstandsgesellschaft* aus dem Jahr 1976 wurde daher passenderweise von Pierre Clastres verfasst, einem weiteren Pariser Ethnologen, mit dem Sahlins oft zu Mittag aß und dessen Buch über die *Staatsfeinde* 1974 gewissermaßen die politische Seite von Sahlins ökonomischem Argument nachreichte.[20]

Das Jahr 1968 gilt als ein politisch-kultureller Einschnitt, aber allein aus der Politik der Student:innen-Revolte lässt sich der Kontext von Sahlins' Überlegungen noch nicht vollständig erklären, denn es findet sich darin auch ein ökologisches und globales Denken, das damals noch nicht weitverbreitet war. Neben Clastres und Lévi-Strauss ist daher der dritte wichtige Name derjenige von André Leroi-Gourhan, ein heute nicht mehr ganz so bekannter, aber ähnlich prägender Pariser Paläoanthropologe, der eng mit Lévi-Strauss zusammenarbeitete. Er schrieb Mitte der Sechzigerjahre in seinem Buch über die evolutionäre Entstehung des Menschen und seiner Kultur die folgenden Zeilen:

> So kommt es, daß die menschliche Gesellschaft in erster Linie Menschen konsumiert – in allen Formen der Gewalt oder der Arbeit. Der Mensch gewinnt dabei zunehmend die

> Herrschaft über die natürliche Welt, eine Herrschaft, die, verlängert man die techno-ökonomischen Größen der Gegenwart in die Zukunft, in einem totalen Sieg enden muß – bis man endlich die letzte Hand voll Gras und die letzte Ratte mit dem letzten Tropfen Öl kochen wird.[21]

Der Mensch als Werkzeugwesen hat den Industriekapitalismus entwickelt und zerstört damit die Welt. Leroi-Gourhans Perspektive ist apokalyptisch und seine Formulierung erinnert an den berühmten Plastikaufkleber mit der angeblichen »Weissagung der Cree«, der später hunderttausendfach die VW-Busse der Hippies zierte: »Erst wenn der letzte Baum gerodet, der letzte Fluss vergiftet, der letzte Fisch gefangen ist, werdet ihr merken, dass man Geld nicht essen kann.« Leroi-Gourhans finstere Prognose und die den Cree fälschlich zugeschriebene Prophezeiung verbindet eine Vorstellung einer Zukunft der technischen Zivilisation, die dabei ist, den ganzen Planeten aufzuzehren. Diese Kritik am ökozidalen Kapitalismus ist auch in Sahlins' Text fühlbar, der wiederum dazu beigetragen hat, die ökologische Bewegung zu prägen.

Die Umweltbewegung formierte sich ab den 1970er-Jahren, und sie begann, immer lauter darauf hinzuweisen, dass die Erde zunehmend von einem überhitzten extraktiven Kapitalismus ausgesaugt wird. Diese ökologische Sorge entstand nicht nur in wissenschaftlichen Texten, sondern auch durch andere mediale Ereignisse. Um sich dieses Entstehen der Besorgtheit um das Leben auf der Erde vorzustellen, kann man auf eine berühmte Fotografie zurückgreifen, die am 24. Dezember 1968 gemacht wurde. Diese Fotografie trägt den Titel *Earthrise* und sie wurde von der Crew der *Apollo 8*-Mondmission aufgenommen. Das Bild ist leicht online zu finden und es zeigt im unteren Viertel die graue, von Kometeneinschlägen zerwühlte Mondoberfläche. Darüber sieht man die dunkle, unbegrenzte Schwärze des Weltalls und irgendwo darin leuchtet ganz klein die Erde hervor: Eine blau-weiße Murmel, die winzig und zart in der Dunkelheit des Alls über dem zernarbten Mondgestein schwebt. Dieses eindrückliche Bild wurde zigtausendfach reproduziert. Es führte dazu, dass zum ersten Mal verstanden wurde, wie klein und fragil unser Planet ist, wenn er aus der immensen Weite des Weltraums gesehen wird. Noch heute kann man dieses Foto nicht ansehen, ohne zu spüren, dass die Erde ein winziger, zerbrechlicher Gegenstand ist. Die bestürzende Wirkung dieses Bildes von der Endlichkeit des Planeten wurde durch wissenschaftlich-empirische Ergebnisse bestätigt, die parallel erschienen. Insbesondere die ähnlich berühmt gewordene Studie *Die Grenzen des Wachstums. Bericht des Club of Rome zur Lage der Menschheit* von 1972 bestätigte dieses Gefühl der Begrenztheit und Bedrohtheit der Erde.[22] Diese Studie mit dem Originaltitel *Limits to Growth* wurde fast ebenso ikonisch wie das *Earthrise*-Foto. Darin zeigten einige Wirtschaftswissenschaftler:innen anhand der damals neuartigen Methode der Computersimulation, dass die Ressourcen der Erde begrenzt sind und dass die Menschheit dabei ist, diese Ressourcen zu erschöpfen und den fragilen, kleinen Planeten in seiner ganzen Existenz und mit allem Leben darauf zu vernichten. Ein Leben und ein Wirtschaftssystem, die nicht auf Wachstum und Profit, sondern auf Gleichgewicht und Kooperation mit der Natur angelegt waren, wurden dadurch nicht nur attraktiver, sondern erhielten eine große Dringlichkeit. Die Zivilisationen der Jäger- und Sammler:innen wurden damit als die erfolgreichsten Kulturen der Menschheitsgeschichte erkennbar, weil sie es geschafft hatten, über Hunderttausende Jahre im Gleichgewicht mit ihrer Umwelt zu leben.[23]

Es könnten noch mehr Beispiele angeführt werden, um den Kontext der *Ursprünglichen Wohlstandsgesellschaft* darzustellen. Aber die in den letzten Absätzen bewusst gedrängt genannten Beispiele und Kontexte – 1968, *Les temps modernes*, die »Weissagung der Cree«, *Earthrise*, der Bericht des Club of Rome, Leroi-Gourhans Apokalyptik und Pierre Clastres' anarchistische Anthropologie – genügen, um zu zeigen, wie die westlichen Gesellschaften langsam zu begreifen begannen, dass sie eine Bedrohung für alles Leben auf der Erde darstellten und bis heute darstellen. Auch Sahlins' *Ursprüngliche Wohlstandsgesellschaft* gehört in diese Reihe an wichtigen Ereignissen der Ökobewegung, die gemeinsam so etwas wie die ersten Ursprünge der *Extinction Rebellion* bedeuten: Zum ersten Mal wurde klar, dass unser Planet begrenzt ist und dass unser Wirtschaftssystem dabei ist, ihn zu zerstören. Sahlins' Beitrag ist gewissermaßen der optimistischste dieser Texte, weil er eine alternative Lebensweise skizziert, die nicht nur den Kapitalismus stoppen kann, sondern die auch einen utopischen Gegenvorschlag macht, der aber funktionieren könnte. Dieser Gegenvorschlag ist dabei nicht in Computersimulationen oder in westlichen politik- oder wirtschaftswissenschaftlichen Instituten erfunden worden, sondern er ist die ehemalige Praxis der ganzen Menschheit, die sehr lange Zeit in einem Gleichgewicht mit ihrer Umgebung lebte, bis die Landwirtschaft, die Staatenbildung, der Kolonialismus und zuletzt der imperiale Kapitalismus sie auszulöschen begannen. Der Traum, mit unserer fragilen Erde in einem Gleichgewicht zu leben und dabei ein vielleicht ärmeres, aber dafür besseres, harmonischeres Leben zu leben, ist so alt wie die Menschheit selbst. Das bedeutet, dass auch der Gedanke, dass die menschlichen Wünsche und Bedürfnisse vielleicht mit einem sehr geringen ökonomischem Aufwand zu erfüllen sind, schon lange vor Sahlins, Clastres, Graeber und Leroi-Gourhan erkannt wurde.

Weil der Traum vom Leben in einer Gemeinschaft von jagenden und sammelnden Menschen so alt ist, wurde er auch schon vor langer Zeit ausformuliert. Einer der ersten bewussten Theoretiker einer ursprünglichen Wohlstandsgesellschaft ist vielleicht Publius Cornelius Tacitus. Tacitus kritisierte das Römische Imperium, das bereits damals die Menschen und Landschaften auslaugte, auf ähnliche Weise wie Sahlins und Graeber das kapitalistische Imperium. Es gibt eine besonders schöne Stelle bei Tacitus, die an Sahlins erinnert. Ganz am Ende seines Textes über die germanischen Gemeinschaften nördlich des *Imperium Romanum* kommt Tacitus auf die »Fennen« zu sprechen, die im heutigen Skandinavien lebten, und deren Nachfahren heute die Sami sind. Tacitus' kurze Beschreibung der Fennen ähnelt der Beschreibung, die Sahlins von den San, Hadza und !Kung macht:

> Die Fennen sind erstaunlich wild und entsetzlich arm. Sie kennen keine Waffen, keine Pferde und kein Heim; Kräuter sind ihre Nahrung, Felle ihre Kleidung und der Erdboden ihre Lagerstätte. Einzig und allein von ihren Pfeilen versprechen sie sich etwas; aus Mangel an Eisen versehen sie sie mit Knochenspitzen. Die Frauen leben ebenso wie die Männer von der Jagd; sie ziehen nämlich überall mit und verlangen dann ihren Teil von der Beute. Für ihre Kleinen haben sie keinen Schutz vor wilden Tieren und Regengüssen als ein Geflecht von Zweigen, in dem sie sie bergen; das ist auch die Heimstatt der Männer und die Zufluchtsstätte der Greise. Und doch halten sie ein solches Leben für glücklicher, als unter Seufzen das Feld zu bestellen, sich mit dem Bau von Häusern abzumühen und eigenes oder fremdes Gut unter Hoffnung auf Gewinn und Furcht vor Verlust umzusetzen. Ohne sich um die Menschen, ohne sich um Götter zu kümmern, haben sie das Schwerste erreicht: ohne Wunsch zu sein.[24]

Das Leben der Fennen ist karg und hart, sie sind nicht reich und ihr Jagen und Sammeln ist mühsam. Dennoch gleicht Tacitus' Beschreibung derjenigen, die oben von Graeber und Wengrow zitiert wurde. Es klingt fast, als hätte Tacitus Sahlins gelesen. Die Fennen haben etwas erreicht, das den antiken Philosophen als der allerhöchste Zustand galt, den Menschen erreichen können: ohne Wunsch zu sein. Fennen, Hadza, Mbuti und !Kung leben auf eine arme, aber gute Weise: solidarisch, glücklich, Männer und Frauen gemeinsam. Sie sind nicht reich und bilden keine machtvollen Zivilisationen, aber sie haben eine bescheidene, minoritäre Lebenspraxis entwickelt, dic sie zufrieden macht. Die Provokation, die Tacitus und Sahlins in so bemerkenswert ähnlichen Worten formuliert haben, wird so lange bestehen bleiben, wie die herrschenden Zivilisationen die Erde und die Menschen vernichten: Was, wenn unsere Kultur und unsere ganze Art und Weise, über den Planeten zu verfügen, falsch ist? Könnte es sein, dass unsere Wirtschaftsweise mit ihrer unendlichen Steigerbarkeit von Besitz und Eigentum eine tödliche Sackgasse ist? Was, wenn der Kapitalismus zwar die Bankkonten einiger Milliardäre unendlich anschwellen lässt, dabei aber den Planeten zerstört? Und was, wenn dieser Wohlstand und Überfluss schlicht unnötig ist und wir auf andere Weise glücklich sein könnten? Was wäre also, wenn andere Kulturen, die in der eurozentrischen oder römischen Perspektive als »primitiv« abgewertet wurden, einen schöneren, bescheideneren Überfluss erschaffen konnten, der nicht die Welt zerstört, sondern in einer Harmonie mit der Umwelt existieren kann? Was, wenn es für uns einen ganz einfachen Weg gibt, ohne Wunsch zu sein?

Die ursprüngliche Wohlstandsgesellschaft

von Marshall Sahlins

Wenn die Ökonomie die schwarzmalerischste aller Wissenschaften ist, dann ist die Erforschung der Wirtschaftsweise der Jäger und Sammler ihr avanciertester Bereich. Unsere Lehrbücher, die fast durchgängig die These vertreten, dass das Leben in der Altsteinzeit überaus hart gewesen sein muss, wetteifern so sehr darum, ein Gefühl der ständigen Untergangsgefahr heraufzubeschwören, dass man sich nicht nur fragt, wie die Jäger:innen und Sammler:innen es schafften, am Leben zu bleiben, sondern auch, ob es das überhaupt *war* – ein Leben? In den entsprechenden Abhandlungen wird der Jäger vom Gespenst seines eigenen Hungers gejagt. Wegen seiner technischen Inkompetenz muss er angeblich pausenlos für sein nacktes Überleben arbeiten, wobei ihm diese Arbeit keinerlei Zeit zum Luftholen lässt, geschweige denn, dass sie einen Überschuss produziert, der die »Muße« ermöglichen würde, »eine Kultur aufzubauen«. In Thermodynamik bekommt dieser Jäger trotz all seiner Anstrengungen äußerst schlechte Noten – pro Kopf und Jahr hat er weniger Energie zur Verfügung als die Menschen jeder anderen Produktionsweise. Und wo immer es um die historische Darstellung wirtschaftlicher Entwicklung geht, ist er dazu verdammt, die Rolle des Negativbeispiels zu übernehmen: als Vertreter der sogenannten »Subsistenzwirtschaft«.

Überlieferte Weisheiten halten sich hartnäckig. Deswegen ist man gezwungen, ihnen polemisch entgegenzutreten, die notwendigen Berichtigungen dialektisch zu formulieren: Diese Gesellschaft war, wenn man sie genau betrachtet, die erste Wohlstandsgesellschaft. Paradoxerweise führt diese Formulierung zu einer weiteren hilfreichen und unerwarteten Schlussfolgerung. Wenn nämlich dem allgemeinen Verständnis nach eine Wohlstandsgesellschaft eine Gesellschaft ist, in der sämtliche materiellen Bedürfnisse der Menschen leicht befriedigt werden können, dann stellt die These, dass die Jäger und Sammler:innen im Überfluss gelebt haben, die Behauptung infrage, dass das menschliche Leben eine vom Schicksal vorherbestimmte Tragödie ist, in der die Menschen durch die riesige Diskrepanz zwischen ihren endlosen Bedürfnissen und den unzureichenden Mitteln, die ihnen zur Verfügung stehen, zu lebenslanger Zwangsarbeit verurteilt sind.

Denn schließlich führen zwei Wege zum Reichtum: Bedürfnisse können »leicht zu befriedigen« sein, indem man entweder viel produziert oder wenig begehrt. Eine bekannte, auf den Ökonomen John Kenneth Galbraith zurückgehende Auffassung setzt Annahmen voraus, die der Marktwirtschaft alle Ehre machen, unter anderem die, dass die Bedürfnisse der Menschen groß, um nicht zu sagen unendlich seien, während ihnen nur begrenzte Mittel zur Verfügung stünden, die aber nach und nach verbessert werden könnten. Diese Kluft zwischen Zweck und Mitteln könne durch Fleiß und Produktivität zumindest so weit verringert werden, dass »das Lebensnotwendige« im Überfluss vorhanden sei. Der zweite Weg zum Wohlstand, der des Zen, geht nun aber von etwas anderen Prämissen aus als der bürgerliche: dass nämlich die materiellen Bedürfnisse der Menschen endlich sind und die technischen Mittel sich zwar kaum entwickeln, aber im Großen und Ganzen als angemessen bezeichnet werden können. Mit der Zen-Strategie kann eine Gruppe von Menschen eine unvergleichliche materielle Fülle genießen – bei niedrigem Lebensstandard.

Ich glaube, diese Formulierung beschreibt unsere Jäger:innen und Sammler recht gut. Und sie trägt dazu bei, einige ihrer auffälligen ökonomischen Verhaltensweisen zu erklären: ihre »Verschwendungssucht« zum Beispiel – die Neigung, alle vorhandenen Vorräte auf einmal aufzubrauchen –, so als hätten sie für immer ausgesorgt. Der

Markt ist von Knappheit besessen – davon sind Jäger:innen und Sammler:innen frei: Viel konsequenter als bei uns ist ihr wirtschaftliches Handeln auf Überfluss ausgerichtet. Destutt de Tracy, »fischblütiger Bourgeoisdoktrinär«, der er gewesen sein mag, erreichte immerhin, dass Marx der folgenden Beobachtung zustimmte: »Die armen Nationen sind die, wo das Volk gut dran ist, und die reichen Nationen sind die, wo es gewöhnlich arm ist«.[25]

Damit soll keineswegs geleugnet werden, dass eine voragrarische Wirtschaft starken Beschränkungen unterliegt. Aber eben auch nicht, dass solche Gesellschaften, wenn man heutige Jäger und Sammler:innen betrachtet, in der Regel erfolgreich für den Lebensunterhalt ihrer Mitglieder sorgen konnten. Sobald ich dafür die entsprechenden Belege angeführt habe, möchte ich mich aber den *eigentlichen* Schwierigkeiten der Jäger- und Sammlerökonomie zuwenden. Nicht eine einzige von ihnen lässt sich mit den gängigen Klischees über die altsteinzeitliche Armut zutreffend beschrieben.

Die Wurzeln der falschen Vorstellungen

»Reine Subsistenzwirtschaft«, »von Ausnahmen abgesehen so gut wie keine Muße«, »unablässige Nahrungssuche«, natürliche Ressourcen »spärlich und relativ unsicher«, »Fehlen eines ökonomischen Überschusses«, »maximaler Energieaufwand einer maximalen Anzahl von Menschen« – so lauten die typischen anthropologischen Einschätzungen von Jäger- und Sammlergesellschaften.

> Die australischen Ureinwohner sind ein klassisches Beispiel für ein Volk, dessen ökonomische Ressourcen extrem spärlich sind. Vielerorts ist ihr Lebensraum sogar noch rauer als der der Buschmänner wenn auch vielleicht nicht unbedingt im nördlichen Teil. [...] Eine Liste sämtlicher Nahrungsmittel, die die Ureinwohner von Nordwest-Zentral-Queensland auf dem von ihnen bewohnten Land finden, ist aufschlussreich. [...] Zwar erscheint die Vielfalt der Nahrungsmittel auf den ersten Blick beeindruckend, aber man sollte sich nicht täuschen lassen und denken, dass Vielfalt ein Zeichen von Überfluss sei, denn die Menge, in der die einzelnen Lebensmittel verfügbar sind, ist so gering, dass intensivster Einsatz ein Überleben möglich macht.[26]

Oder, bezogen auf Südamerika:

> Die nomadischen Jäger und Sammler erreichten kaum das Existenzminimum und blieben oft weit darunter. Das zeigt sich auch darin,

> dass damals auf 10 bis 20 Quadratmeilen nur ein Mensch kam. Durch das ständige Unterwegssein und die pausenlose Nahrungssuche fehlte diesen Menschen definitiv die Zeit für Aktivitäten, die nichts zum Lebensunterhalt beitrugen, davon abgesehen, dass sie das, was sie in ihrer Freizeit hergestellt haben mögen, nur sehr eingeschränkt transportieren konnten. »Adäquatheit der Produktion« bedeutete für sie, dass ihr körperliches Überleben gesichert war, und nur äußerst selten gab es einen Überschuss an Gütern oder Zeit.[27]

Dieser traditionell negative Blick auf Jäger- und Sammlergesellschaften kommt nicht nur aus der Anthropologie, sondern ist auch vor- und außeranthropologisch insofern, als er ein historischer Blick ist, der zugleich auf den größeren ökonomischen Kontext verweist, in dem die Anthropologie sich bewegt. Diese Perspektive geht bis auf die Zeit zurück, in der Adam Smith seine Abhandlungen schrieb, ja vielleicht sogar auf eine Zeit, in der überhaupt noch nicht geschrieben wurde.[28] Wahrscheinlich handelt es sich hier sogar um eines der ersten Vorurteile im Neolithikum, das in Form eines ideologischen Blicks auf die Fähigkeit beziehungsweise Unfähigkeit des Jägers, die Ressourcen dieser Erde auszubeuten, ihn von ebenjener zu vertreiben sucht. Das war die historische

Aufgabe, der diese Sichtweise überaus gelegen kam. Das Vorurteil scheint sich über den »Samen Jakobs« bis zu uns vererbt zu haben, jenen Samen also, der sich »nach Westen, Osten und Norden ausgebreitet hat«, zum Nachteil Esaus, des älteren Bruders und gewieften Jägers, der jedoch bekanntlich in einer berühmt gewordenen Szene seines Erstgeborenenrechts beraubt wurde.

Im Grunde genommen ist es jedoch gar nicht nötig, die derzeitige Geringschätzung der Jäger-und-Sammler-Ökonomien auf einen neolithischen Ethnozentrismus zurückzuführen – denn der bürgerliche Ethnozentrismus tut es durchaus auch. Die heutige Betriebswirtschaftslehre – eine ideologische Falle, vor der die anthropologische Ökonomie sich auf Schritt und Tritt hüten sollte – kommt nämlich im Blick auf das Leben der Jäger:innen und Sammler zu ähnlich düsteren Schlussfolgerungen.

Ist es wirklich so widersinnig, darauf zu bestehen, dass die Jäger und Sammler:innen trotz ihrer absoluten Armut eine wohlhabende Gesellschaft waren? Umgekehrt widmen sich ja die modernen kapitalistischen Gesellschaften, so reich sie auch sein mögen, geradezu exzessiv dem Narrativ der Knappheit. Die Unzulänglichkeit der ökonomischen Mittel ist ausgerechnet für die reichsten Länder der Welt das oberste Prinzip. Weil aber der sichtbare materielle Status von Ökonomien offenbar kaum Auskunft darüber geben kann, was sie konkret leisten, muss man sich der Art und Weise zuwenden, in der diese Ökonomien organisiert sind.[29]

Das System der industriellen Marktwirtschaft kreist in einem nie gesehenen Ausmaß und auf vollkommen neue Weise um Knappheit. Wo sowohl die Produktion von Gütern als auch ihre Verteilung über Preise geregelt wird und das Verdienen und Ausgebenkönnen von Geld existenziell wichtig ist, wird der Mangel zum expliziten und kalkulierbaren Ausgangspunkt jeder wirtschaftlichen Aktivität.[30] Der Unternehmer ist damit konfrontiert, dass er sein endliches Kapital auf unterschiedliche Weise investieren kann, der Arbeiter (hoffentlich) mit alternativen Möglichkeiten einer halbwegs einträglichen Lohnarbeit, und der Konsument ... Nun, was ihn angeht, haben wir es hier gleich mit einer zweifachen Tragödie zu tun, denn die erwähnte Inadäquatheit endet für ihn häufig in Entbehrung. Durch die internationale Arbeitsteilung stellt der Markt eine überwältigende Zahl von Produkten zur Verfügung: All die guten Dinge sind in Reichweite – aber niemals auf einmal zu haben. Schlimmer noch, bei diesem Spiel der freien Verbraucherentscheidung ist jeder Erwerb gleichzeitig ein Verzicht auf etwas, das man hätte haben können, denn etwas zu kaufen, bedeutet im Allgemeinen, etwas anderes nicht zu kaufen, das nur unwesentlich weniger begehrenswert ist und in einigen Fällen sogar begehrenswerter. (Der Punkt ist, dass man, wenn man ein Auto kauft, zum Beispiel einen Plymouth, nicht auch den Ford haben kann – und aus der aktuellen Fernsehwerbung schließe ich, dass die damit verbundenen Entbehrungen mehr als nur materiell wären.)[31]

»Lebenslänglich mit Zwangsarbeit« ist allein *unsere* Strafe. Der Urteilsspruch unserer Wirtschaftsweise – und damit auch das allgemein anerkannte Prinzip ihrer Wissenschaft – lautet Knappheit: Einsatz knapper Mittel für einander ausschließende Zwecke, mit dem Ziel, unter den gegebenen Umständen die größtmögliche Befriedigung zu erlangen. Und mit genau dieser besorgten Grundeinstellung blicken wir zurück auf die Jäger und Sammler:innen früherer Zeiten. Denn welche Chance sollte der nackte »Wilde« mit seinem mickrigen Pfeil und seinem Bogen schon haben, wenn nicht einmal der moderne Mensch mit all seinen technischen Hilfsmitteln über das Nötigste verfügt? Erst statten wir die Jäger:innen und Sammler mit bürgerlichen Impulsen und paläolithischen Werkzeugen aus – um dann ihre Situation als durch und durch hoffnungslos zu beschreiben.[32]

Doch Knappheit ist keineswegs eine natürliche Eigenschaft der technischen Mittel selbst, sondern beschreibt ein mögliches Verhältnis zwischen Mitteln und Zwecken. Schon aus diesem Grund sollten wir die empirische Möglichkeit in Betracht ziehen, dass es den Jägern und Sammlern um ihr körperliches Wohlergehen ging – also um einen endlichen Zweck – und dass Pfeil und Bogen diesem Zweck angemessen waren.[33]

Jedoch haben sich gegen diese Einsicht noch einige weitere gängige Vorstellungen aus der anthropologischen Theorie und der ethnografischen Praxis verschworen.

Die Tendenz der Anthropologie, die wirtschaftliche Ineffizienz von Jägern überzubewerten, zeigt sich vor allem in Form eines etwas gehässigen Vergleichs mit den neolithischen Ökonomien. Jäger, so formulierte es Lowie unverblümt, »müssen für ihren Lebensunterhalt viel härter arbeiten als Ackerbauern und Viehzüchter«.[34] In diesem Punkt fand es vor allem die evolutionäre Anthropologie angebracht, ja sogar theoretisch notwendig, jenen vorwurfsvollen Grundton anzuschlagen, der damals gerade in Mode war. Ethnologen wie Archäologen waren nämlich inzwischen zu neolithischen Revolutionären geworden, und in ihrer Begeisterung für die Revolution scheuten sie nicht davor zurück, das alte (steinzeitliche) Regime anzuprangern und dazu auch auf einige sehr alte Skandale zurückzugreifen. Es war im Übrigen nicht das erste Mal, dass Philosophen das früheste Stadium der Menschheit eher der Natur als der

Kultur zuordneten. (»Ein Mensch, der sein ganzes Leben damit verbringt, Tieren hinterherzurennen, nur, damit er sie töten und essen kann, oder von einer Beerenstelle zur anderen zu ziehen, lebt in Wirklichkeit selbst wie ein Tier.«[35]) So wurden die Jäger herabgestuft, damit die Anthropologie die Jungsteinzeit als »großen Sprung nach vorn« preisen konnte: als wichtigen technologischen Fortschritt, der »durch die Befreiung von der permanenten Notwendigkeit der Nahrungssuche so etwas wie Muße überhaupt erst allgemein verfügbar« machte.[36]

In seinem einflussreichen Aufsatz »Energie und die Evolution der Kultur« erklärte Leslie White, dass im Neolithikum »die kulturelle Entwicklung große Fortschritte machte, [...] weil die Energiemenge pro Kopf und Jahr durch die Land- und Weidewirtschaft enorm gestiegen war«.[37] Der evolutionäre Kontrast wird bei White sogar noch zugespitzt, indem er als Hauptenergiequelle der paläolithischen Kultur die *menschliche Muskelkraft* festlegt, im Gegensatz zur neolithischen Kultur, die auf *domestizierte pflanzliche und tierische Energiequellen* habe zurückgreifen können. Diese starre Zuordnung der Energiequellen ermöglichte es, das thermodynamische Potenzial der altsteinzeitlichen Jäger sehr genau, aber auch sehr niedrig einzuschätzen – nämlich auf das des menschlichen Körpers, will heißen: »durchschnittliche

Energieressourcen« von einem Zwanzigstel Pferdestärken pro Kopf.[38] Zugleich entstand durch die vollständige Eliminierung der menschlichen Anstrengung aus dem kulturellen Unternehmen des Neolithikums der Anschein, als wäre die Menschheit seitdem durch eine arbeitssparende Vorrichtung (»domestizierte Pflanzen und Tiere«) von jeglicher körperlicher Arbeit befreit. Das eigentlich Problematische an Whites These hat man aber ganz offenkundig übersehen. Nicht nur in der paläolithischen, sondern auch in der neolithischen Kultur war nun einmal die wichtigste zur Verfügung stehende mechanische Energie die, die auf menschlicher Muskelkraft beruhte – und in beiden Fällen aus pflanzlichen und tierischen Quellen schöpfte, sodass die pro Kopf und Jahr nutzbar gemachte Energiemenge in der paläolithischen wie in der neolithischen Ökonomie (abgesehen von zu vernachlässigenden Ausnahmen wie dem gelegentlichen direkten Einsatz nichtmenschlicher Energie) ungefähr die gleiche war – und in der gesamten Menschheitsgeschichte bis zum Beginn der Industriellen Revolution auch geblieben ist.[39]

Eine weitere spezifisch anthropologische Ursache für die weitverbreitete Unzufriedenheit mit dem Paläolithikum ergibt sich daraus, dass die empirische Erforschung moderner Jäger und Sammler:innen, wie zum Beispiel der Indigenen Australiens, der San im südlichen Afrika, oder

der Ona und Yagan auf Feuerland, durchweg aus europäischer Perspektive betrieben wurde. Dieser ethnografische Kontext verzerrt unser Verständnis der Jäger- und Sammlerökonomie in zweierlei Hinsicht.

Erstens öffnet er der Naivität Tür und Tor. Die abgelegenen und häufig exotischen Umgebungen, die zum kulturellen Schauplatz heutiger Jäger:innen und Sammler geworden sind, haben auf die Europäer eine Wirkung, die sich auf die nüchterne Einschätzung der Lebenslage jener Menschen äußerst ungünstig auswirkt. So unbedeutend die australische oder die Kalahari-Wüste für die Landwirtschaft oder die Alltagserfahrung von Europäern auch sein mag, so lautstark wundert sich der ungebildete Beobachter, »wie man an einem solchen Ort leben kann«. Paradoxerweise wird die Schlussfolgerung, dass die Indigenen ein äußerst karges Dasein fristen, durch ihre erstaunlich abwechslungsreiche Ernährung noch bestätigt.[40] Weil die einheimische Küche in der Regel Nahrungsmittel enthält, die von Europäern als ekelerregend oder ungenießbar betrachtet werden, liegt die Vermutung nahe, dass diese Menschen am Verhungern sein müssen. Solche Schlussfolgerungen finden sich zugegebenermaßen eher in den frühen Berichten und Tagebüchern von »Entdeckern« und Missionaren als in den Monografien von Anthropologen; aber gerade weil die

Berichte der »Entdecker« so viel älter und näher an der ursprünglichen Lebensweise der Indigenen sind, zollt man ihnen bis heute einen gewissen Respekt.

Wem genau man solchen Respekt entgegenbringt, sollte indes gut überlegt sein. So hätte zum Beispiel ein Mann wie Sir George Grey wesentlich mehr Aufmerksamkeit verdient, als er bisher bekommen hat. Seine Expeditionen während der 1830er-Jahre führten ihn auch in einige der ärmeren Gegenden Westaustraliens, was ihn nicht daran hinderte, die Berichte seiner Kollegen über die ökonomische Misere der einheimischen Bevölkerung mithilfe seiner ungewöhnlich genauen Beobachtungsgabe zu widerlegen. Es sei ein weitverbreiteter Irrtum, schrieb Grey, anzunehmen, dass die australischen Aborigines »nur über geringe Mittel zur Bestreitung ihres Lebensunterhalts verfügen und durch den Mangel an Nahrungsmitteln immer wieder stark unter Druck stehen«. Die Irrtümer, denen Reisende in dieser Hinsicht erlegen seien, seien zahlreich und »beinahe lächerlich«: »Sie beklagten in ihren Tagebüchern, dass die unglücklichen Aborigines durch Lebensmittelknappheit auf die erbärmliche Notwendigkeit reduziert seien, sich von bestimmten Nahrungsmitteln zu ernähren, die sie ganz in der Nähe ihrer Hütten gefunden hätten; während in Wirklichkeit die von ihnen angeführten Beispiele fast immer diejenigen sind, die die Eingeborenen am meisten schätzen und denen es weder an Geschmack noch an Nährstoffen mangelt.« Um »die Unwissenheit, die in Bezug auf die Sitten und Gebräuche dieser Menschen in ihrem ursprünglichen Zustand vorherrschten, zu verdeutlichen«, liefert Grey ein bemerkenswertes Beispiel, nämlich das Zitat seines Forscherkollegen Captain Sturt, der, als er auf eine Gruppe von Aborigines traf, die gerade damit beschäftigt waren, große Mengen des Milchsafts der Mimose aufzufangen, zu dem Schluss kam, dass diese »unglücklichen Kreaturen bis zum Äußersten reduziert waren und diesen Schleim sammeln mussten, weil sie es nicht schafften, sich anderweitig zu ernähren«. Dagegen war es vielmehr so, wie Sir George bemerkt, dass der fragliche Milchsaft in der Gegend einfach ein beliebtes Nahrungsmittel und der Grund dafür war, dass sich die Menschen während der Erntezeit versammelten und gemeinsam ein Lager aufschlugen, wozu sie sonst nie die Gelegenheit hatten. Dann schlussfolgert er:

> Im Allgemeinen leben die Eingeborenen gut; in einigen Gegenden mag es zu bestimmten Jahreszeiten einen Mangel an Nahrungsmitteln geben, aber dort lebt dann gerade auch niemand. Davon abgesehen *aber ist es für einen Reisenden und sogar für einen ortsfremden*

> *Eingeborenen völlig unmöglich zu beurteilen, ob ein Gebiet Nahrung im Überfluss bietet oder eben gerade nicht* [...] Auf seinem eigenen Terrain ist ein Eingeborener aber ganz anders aufgestellt: Er weiß genau, was hier wächst, zu welchen Zeiten die verschiedenen Pflanzen geerntet werden müssen und wie man am leichtesten an sie herankommt. Nach genau diesem Wissen richtet er seine Wanderungen in die verschiedenen Zonen seines Jagdgebietes aus; *und ich kann nur sagen, dass ich in den Hütten der Eingeborenen immer den größten Überfluss vorgefunden habe.*[41]

Von dieser optimistischen Beschreibung nahm Sir George wohlweislich diejenigen unter den Indigenen aus, die als Lumpenproletariat in den europäischen Städten und ihren Randbereichen lebten.[42] Diese Ausnahme lässt tief blicken, denn sie verweist auf eine zweite Ursache ethnografischer Missverständnisse: Die Anthropologie, die sich für Jäger- und Sammlergesellschaften interessiert, hat nämlich, indem sie ehemalige »Wilde« zu ihrem Untersuchungsgegenstand erklärt, einen immer schon anachronistischen Ansatz – sie ist die von einer bestimmten Gesellschaft durchgeführte Erforschung des Leichnams einer ihr fremden, anderen Gesellschaft, wie Grey es einmal ausgedrückt hat.

Die überlebenden Jäger:innen und Sammler:innen sind – als Klasse betrachtet – Binnenvertriebene. Als Repräsentanten der altsteinzeitlichen Entrechteten leben sie in abgelegenen Lebensräumen, die unserer Produktionsweise nicht entsprechen: Heiligtümern einer Ära, Orten, die so weit außerhalb der Reichweite der Zentren des kulturellen Fortschritts liegen, dass sie – auch weil sie normalerweise so arm waren, dass avanciertere Volkswirtschaften sich weder für sie interessierten noch zuständig fühlten – vom planetarischen Marsch der kulturellen Evolution zunächst verschont blieben, einmal abgesehen von Jägern und Sammlern wie den Native Americans der Nordwestküste, die an günstig gelegenen Orten lebten und über deren (relativen) Wohlstand es keinen Dissens gibt. Die ökologischen Möglichkeiten der übrigen, von den angenehmeren Orten dieser Erde erst durch Landwirtschaft, dann durch Industrie vertriebenen Jäger und Sammler:innen befinden sich noch unterhalb des Durchschnitts des späten Paläolitikums.[43] In den letzten 200 Jahren war darüber hinaus die Spur der Verwüstung, die der europäische Imperialismus hinterlassen hat, so verheerend, dass viele der ethnografischen Funde, die den Bestand des Anthropologen ausmachen, nicht mehr als unverfälschte Kulturgüter gelten können. Aber auch abgesehen von entsprechenden ethnozentrischen

Blickweisen findet sich sogar schon in den Berichten von »Entdeckern« und Missionaren das Narrativ der kargen Wirtschaftsweise.[44] Dabei hatten sich beispielsweise die Jäger:innen und Sammler Ostkanadas, von denen in den *Jesuitenberichten* zu lesen ist, schon im frühen 17. Jahrhundert dem Pelzhandel verschrieben. Die Lebensräume bestimmter anderer Gemeinschaften wurden von den Europäern zerstört, bevor belastbare Informationen über ihre ursprüngliche Produktionsweise gesammelt werden konnten: Die Indigenen im nördlichen Polargebiet, die wir heute kennen, jagen keine Wale mehr, den San wurde ihr Wild genommen, die Kiefernwälder der Shoshoni hat man abgeholzt, und in ihren Jagdgründen grasen jetzt Rinder.[45] Wenn diese Völker heute als verarmt beschrieben werden, ihre Ressourcen als »karg und unplanbar« – worauf verweist das? Auf die ursprüngliche Situation dieser Völker oder doch eher auf die Grausamkeiten des Kolonialismus?

Welche weitreichenden Implikationen und enormen Probleme dieser weltweite Verdrängungsprozess für den evolutionären Blick auf Jäger- und Sammlergesellschaften nach sich zieht, ist erst kürzlich ins Bewusstsein gerückt.[46] Der Punkt, der hier von Bedeutung ist, ist folgender: Anhand der gegenwärtigen Umstände die produktiven Fähigkeiten der Jäger und Sammler:innen auf den Prüfstand zu stellen, ist schon deshalb nicht fair, weil die gegenwärtigen Umstände erschwerte Umstände sind. Umso erstaunlicher sind die folgenden Berichte über ihre Leistungen.

»So etwas wie materielle Fülle«

Angesichts der in der Theorie beschworenen Armut der Jäger und Sammler ist es überraschend, dass zum Beispiel bei den San der Kalahari »so etwas wie materielle Fülle« herrscht – zumindest im Bereich der alltäglichen Gebrauchsgegenstände, die nicht Nahrung und Wasser sind:

> Je öfter die !Kung mit Europäern in Kontakt kommen – und das ist bereits in vollem Gange –, werden sie, was unsere eigenen Dinge angeht, einen deutlichen Mangel verspüren und immer mehr davon brauchen und wollen. Sie fühlen sich plötzlich minderwertig, wenn sie unter Fremden, die Kleidung tragen, ihre eigene Nacktheit bemerken. In ihrem eigenen Leben jedoch und mit ihren eigenen Dingen *waren sie vergleichsweise frei von materiellen Zwängen*. Abgesehen von Nahrung und Wasser (wichtige Ausnahmen!), die aber den Nyae Nyae/ !Kung ausreichend zur Verfügung stehen (wenn wohl auch nur knapp, wenn man

bedenkt, wie dünn sie alle sind – dünn, aber nicht ausgemergelt), hatten sie alle alles, was sie brauchten, oder konnten sich das, was sie brauchten, selbst herstellen, denn jeder Mann konnte das herstellen, was Männer herstellen, und tat es auch, und jede Frau konnte das herstellen, was Frauen herstellen, und tat es auch. [...] *So etwas wie materielle Fülle prägte ihr Leben*, weil die Mittel zum Lebensunterhalt aus den Materialien hergestellt wurden, die in Hülle und Fülle um sie herum lagen und derer sich jeder frei bedienen konnte (Holz, Schilf und Knochen für Waffen und Geräte, Fasern für Taue, Gras für Unterstände), oder die zumindest für die Bedürfnisse aller ausreichten. [...] Selbstverständlich können die !Kung von Straußeneierschalen – als Schmuck oder zum Tauschen – nie genug haben, aber gleichzeitig findet man so viele, dass jede Frau ein Dutzend oder mehr Schalen als Wasserbehälter besitzt – mehr könnte sie gar nicht tragen – sowie eine stattliche Menge an Perlenschmuck. Die Jäger:innen und Sammler:innen mit ihrem nomadischen Lebensstil, der sie mit dem Wechsel der Jahreszeiten von einer Nahrungsquelle zur anderen ziehen und immer zwischen Nahrung und Wasser hin- und herpendeln lässt, tragen ihre kleinen Kinder und ihre Habseligkeiten stets bei sich. Da die

> meisten Materialien im Überfluss vorhanden sind, um bei Bedarf einen selbst hergestellten Gegenstand zu ersetzen, haben die !Kung keine Methoden zur dauerhaften Aufbewahrung entwickelt und sind weder gezwungen noch gewillt, Überschüsse zu produzieren oder sich mit einem Gegenstand zu belasten, den es doppelt gibt. Sie wollen nicht einmal von jedem Produkt ein eigenes Exemplar besitzen. Was sie nicht haben, leihen sie sich einfach aus. Nichts zu horten, ist also eine Leichtigkeit, und die Anhäufung von Besitztümern ist niemals mit sozialem Status assoziiert gewesen.[47]

Die Analyse der Produktionsweise von Jägern und Sammlern wird wie bei Marshall[48] sinnvollerweise in zwei Bereiche unterteilt. Nahrung und Wasser sind in der Tat »wichtige Ausnahmen«, die man am besten separat und in aller Ausführlichkeit behandelt. Für den übrigen Bereich, der nicht die unmittelbare Subsistenz betrifft, gilt sowohl im Allgemeinen als auch im Besonderen das, was hier über die San gesagt wurde, für sämtliche Jäger und Sammler:innen von der Kalahari bis nach Labrador – oder eben nach Feuerland, von wo Gusinde über die Yagan berichtet, dass die Weigerung, mehr als ein Exemplar der regelmäßig benötigten Utensilien zu besitzen, als »ein Ausfluss des Selbstvertrauens« gilt. »Unsere

Feuerländer«, schreibt er, »verschaffen und erarbeiten sich ihre Gerätschaften mit einem geringen Müheaufwand«.[49]

Im Bereich der Nichtsubsistenz sind die Bedürfnisse dieser Menschen im Allgemeinen leicht zu befriedigen. Diese »materielle Fülle« ist zum Teil darauf zurückzuführen, dass die Produktion recht einfach ist, und zwar sowohl technisch als auch, was die demokratische Handhabung des Eigentums angeht. Ihre Gebrauchsgegenstände sind selbst gemacht: aus Stein, Knochen, Holz oder Häuten – Materialien also, die »in Hülle und Fülle um sie herum liegen«. In der Regel ist weder die Gewinnung des Rohmaterials noch dessen Verarbeitung mit großem Aufwand verbunden. Der Zugang zu den natürlichen Ressourcen ist in der Regel direkt – jeder kann sich »frei bedienen« –, wie auch die notwendigen Werkzeuge in kollektivem Besitz und die erforderlichen Fertigkeiten überall bekannt sind. Die Arbeitsteilung hat ebenfalls einen einfachen Charakter und erfolgt überwiegend nach Geschlecht. Hinzu kommen die großzügigen Gepflogenheiten des Teilens, für die die Jäger:innen und Sammler zu Recht gerühmt werden, und so können in der Regel alle Menschen an dem teilhaben, was als Wohlstand verstanden wird.

»Was als Wohlstand verstanden wird«, ist in diesem Fall natürlich bezogen auf einen objektiv niedrigen Lebensstandard. Es ist von entscheidender Bedeutung, dass sich die Menge an Konsumgütern (wie auch die Zahl der Konsumenten) kulturell auf ein niedriges Niveau eingependelt hat: Wenige Menschen, die wenige, einfach herzustellende Gegenstände als Luxus betrachten – ein paar schlichte Kleidungsstücke und eine Unterkunft, die in den meisten anderen Klimazonen eher provisorisch wirken würde,[50] sowie ein paar Schmuckstücke, Ersatzfeuersteine und verschiedene andere Gegenstände wie zum Beispiel die »Quarzstücke, die einheimische Ärzte ihren Patienten entnommen haben«; und schließlich die Säcke aus Tierhaut, in denen die treue Frau des »Wilden« in Australien »all diese Reichtümer« transportiert.[51]

Im Bereich des Nichtexistenziellen ist in Bezug auf die meisten Jäger und Sammler:innen ein solcher Reichtum ohne Überfluss also unbestritten. Interessanter ist daher die Frage, warum sich diese Menschen mit so wenig Besitz begnügen, ein Zustand, der für sie etwas Politisches ist, eine »Grundsatzfrage«,[52] wie Gusinde sagt – und *kein* Unglück.

Wer nichts will, dem fehlt auch nichts. Oder sind die Jäger:innen und Sammler in Bezug auf materielle Güter nur deshalb so anspruchslos, weil sie eben doch von jener Form der Nahrungsbeschaffung versklavt sind, die »einer maximalen Anzahl von Menschen ein Maximum an Energie abverlangt«, sodass keine Zeit oder Kraft für die Bereitstellung anderer Annehmlichkeiten bleibt? Einige Ethnografen bezeugen das Gegenteil, nämlich, dass die Nahrungssuche so erfolgreich ist, dass die Menschen die Hälfte der Zeit offenbar nicht wissen, was sie mit sich anfangen sollen. Allerdings ist *Beweglichkeit* eine Bedingung solcher Erfolge – in einigen Fällen mehr als in anderen, aber stets so sehr, dass die Befriedigung des Besitzes sehr schnell geschmälert wird: Reichtum kann zur Last werden – das stimmt für Jäger und Sammler:innen in einem ganz wörtlichen Sinne. In ihrer Lebensweise können Güter, wie Gusinde bemerkt, »eine Belastung« werden, »die umso empfindlicher drücken müsste, je länger man sie mitschleppen würde«.[53] Zwar haben einige Jäger:innen und Sammler:innen Kanus und ab und an sogar Hundeschlitten, aber die meisten müssen alle Annehmlichkeiten, die sie besitzen, selbst tragen, und daher besitzen sie nur das, was sie bequem allein tragen können. Beziehungsweise das, was ihre Frauen tragen können, denn die Männer wandern häufig ohne Gepäck, um auf eine Jagdgelegenheit oder eine plötzliche Verteidigungssituation reagieren zu können. Wie Owen Lattimore in einem anderen Zusammenhang schrieb: »Der beste Nomade ist der arme Nomade.« Mobilität und Besitz stehen hier noch im Widerspruch zueinander.

Dass Reichtum schnell von einem Vorteil zu einer Belastung werden kann, ist selbst für Außenstehende offensichtlich. Laurens van der Post geriet in diesen Widerspruch, als er sich anschickte, von seinen San-Freunden Abschied zu nehmen:

> Die Frage der Geschenke bereitete uns großes Kopfzerbrechen. Wir empfanden es als demütigend, wie wenig wir den San geben konnten. Fast alles schien dazu geeignet, ihnen das Leben schwerer zu machen, indem es ihre täglichen Wanderungen erschwerte und noch mühseliger machte. Sie selbst besaßen so gut wie nichts: einen Lendenschurz, eine Felldecke und eine lederne Umhängetasche. Es gab nichts, was sie nicht in einer Minute zusammenpacken, in ihre Decken wickeln und Tausende Meilen weit auf den Schultern tragen konnten. Sie hatten keinen Sinn für Besitz.[54]

Eine solche Notwendigkeit, die schon für den zufälligen Besucher derart offensichtlich ist, muss den beteiligten Menschen zur zweiten Natur geworden sein. Die Bescheidenheit in Bezug auf materielle Bedürfnisse ist gewissermaßen institutionalisiert: Sie wird zur handfesten kulturellen Tatsache, die in einer Vielzahl von unterschiedlichen ökonomischen Arrangements ihren Ausdruck findet. So berichtet Lloyd Warner zum Beispiel von den Yolngu, dass die Tragbarkeit eines Gegenstandes ein entscheidender Wert in der dortigen Ordnung der Dinge ist. Kleine Gegenstände sind also normalerweise besser als große. Wenn es um die Veräußerung eines Gegenstandes geht, ist letzten Endes »die relative Leichtigkeit seines Transports« wichtiger als seine relative Knappheit oder die Arbeitskosten, die er verursacht hat. Denn der »höchste Wert«, schreibt Warner, »ist Bewegungsfreiheit«. Und auf diesen »Wunsch, frei von der Last der Gegenstände und der Verantwortung für sie zu sein, weil sie das Wanderleben beeinträchtigen würden«, führt Warner im Blick auf die Yolngu nicht nur ihren »unentwickelten Sinn für Eigentum« zurück, sondern auch ihr »mangelndes Interesse an der Verbesserung ihrer technischen Ausrüstung«.[55]

Hier zeigt sich nun eine weitere ökonomische »Besonderheit«. Ich möchte bei ihrer Beschreibung nicht unzulässig verallgemeinern und auch die Möglichkeit nicht aus den Augen verlieren, dass sie sich mindestens ebenso gut durch eine mangelhafte Reinlichkeitserziehung erklären lassen könnte wie durch ein anerzogenes Desinteresse an der Anhäufung materieller Güter: Zumindest einige Jäger und Sammler:innen zeigen eine bemerkenswerte Tendenz, nachlässig mit ihrem Besitz umzugehen. Sie haben dabei eine Art von Nonchalance, die zu Menschen passen würde, die sämtliche bei der Produktion von Gebrauchsgegenständen auftretenden Probleme überwunden haben. Was nichts daran ändert, dass Europäer diese Nonchalance als ausgesprochen ärgerlich empfinden:

> Sie wissen nicht, wie sie sich um ihre Besitztümer kümmern sollen. Niemand denkt im Traum daran, sie zu ordnen, zu falten, zu trocknen oder zu reinigen, aufzuhängen oder zu einem ordentlichen Stapel zusammenzulegen. Wenn sie etwas Bestimmtes suchen, stöbern sie achtlos in dem Sammelsurium von Kleinigkeiten, das sich in verschiedenen Körbchen befindet. Größere Gegenstände, die sich in der Hütte zu einem Haufen auftürmen, werden hin- und hergeschleppt, ohne Rücksicht auf den Schaden, der ihnen dabei zugefügt werden könnte. Der europäische Beobachter hat den Eindruck, dass die Yagan ihren Gebrauchsgegenständen keinerlei Wert beimessen und dass sie die Mühe, die es gekostet hat, sie herzustellen, völlig vergessen haben. Tatsächlich gibt es niemanden, der an seinem wenigen Hab und Gut festhält: Es geht ohnehin leicht verloren, kann aber auch ebenso leicht ersetzt werden. So achten Indianer nicht einmal dann auf ihre Habseligkeiten, wenn es ganz einfach wäre. Über die grenzenlose

> Gleichgültigkeit, mit der diese Menschen nagelneue Gegenstände, kostbare Kleidung, frischen Proviant und Wertgegenstände durch den dicksten Schlamm schleifen oder in Kauf nehmen, dass sie von Kindern oder Hunden in Nullkommanichts zerstört werden, können Europäer nur den Kopf schütteln. [...] Teure Dinge, die man ihnen schenkt, werden aus Neugierde ein paar Stunden lang gehütet; danach lässt man alles gedankenlos in Schlamm und Nässe verkommen. Je weniger man besitzt, desto bequemer ist das Reisen, und was kaputt ist, wird bei Gelegenheit ersetzt. Ihnen ist also jeglicher materieller Besitz vollkommen gleichgültig.[56]

Die Jäger:in und Sammler:in, so ist man versucht zu sagen, ist also ein »unökonomischer Mensch«. Zumindest, was die nicht lebensnotwendigen Gegenstände betrifft, erscheint sie als das Gegenteil jener Klischeefigur, die noch in jedem *Handbuch der Volkswirtschaftslehre* gleich auf der ersten Seite eingeführt wird. Was nämlich bei den Jägern und Sammlern knapp ist, sind ihre Bedürfnisse, während ihre Mittel (im Verhältnis) reichlich vorhanden sind. Folglich sind sie »vergleichsweise frei von materiellen Zwängen«, haben »keinen Sinn für Besitz«, zeigen »einen unentwickelten Sinn für Eigentum«, sind »völlig gleichgültig gegenüber jeglichem materiellen Druck« und zeigen ein »mangelndes Interesse an der Verbesserung ihrer technischen Ausrüstung«.

Dieses besondere Verhältnis der Jäger:innen und Sammler:innen zu weltlichen Gütern enthält ein sehr einfaches und sehr wichtiges Argument. Feststellungen wie: Die Bedürfnisse sind »begrenzt«, die Wünsche »moderat« oder die Vorstellung von Reichtum »limitiert«, setzen einen ursprünglich wirtschaftlichen Menschen voraus und können aus der Innenperspektive der Ökonomie nur negativ klingen. In diesem Narrativ müssen die Jäger und Sammler:innen erst gegen ihre dem Homo oeconomicus gegenüber so viel schlechtere Natur ankämpfen, um sie dann schließlich durch ein kulturelles Armutsgelübde zu besiegen. Doch die obigen Formulierungen legen ein Abschwören gegenüber einer Besitzgier nahe, die sich in Wirklichkeit nie ausgebildet hat, eine Unterdrückung von Begierden, die niemals Thema waren. Der ökonomische Mensch ist ein bürgerliches Konstrukt – er »steht nicht hinter uns, sondern vor uns, wie der moralische Mensch«, schreibt Marcel Mauss. Die Jäger und Sammler:innen müssen ihre materialistischen »Triebe« schon deshalb nicht unterdrücken, weil sie schlicht und einfach keine Rolle spielen. Wenn es (davon abgesehen) stimmt, dass es »ein großer Segen ist, frei von großem Übel zu sein, dann sind unsere Montagnais glücklich; denn in ihren großen Wäldern herrschen die beiden Tyrannen nicht, die vielen Europäern das Leben zur Hölle machen, nämlich Ehrgeiz und Geiz [...], da diese Menschen sich mit dem bloßen Lebensunterhalt begnügen, muss kein einziger von ihnen sich dem Teufel verschreiben, um reich zu werden«.[57]

Wir neigen dazu, Jäger und Sammler als *arm* zu betrachten, weil sie nichts haben, aber vielleicht ist es besser, sie aus genau diesem Grund als *frei* zu erkennen: »Ihr äußerst begrenzter materieller Besitz befreit sie von aller Sorge um die täglichen Bedürfnisse und erlaubt es ihnen, das Leben zu genießen«.[58]

Subsistenz

Als Herskovits seine *Economic Anthropology* schrieb, war es in der Anthropologie üblich, die San oder die australischen Aborigines als »klassisches Beispiel für Völker anzuführen, deren ökonomische Ressourcen überaus spärlich sind« und die sich in einer so prekären Lage befinden, dass »ein Überleben nur mithilfe intensivster Anstrengung möglich ist«.[59] Heute kommt man gegenüber dem »klassischen« Verständnis eher zu dem umgekehrten Schluss – vor allem, wenn es um die beiden oben genannten Gruppen geht. Zahlreiche solide Quellen zeigen, dass Jäger:innen und Sammler:innen sehr viel weniger arbeiten als wir; die Nahrungssuche stellt auch keine pausenlose Mühsal dar, sondern wird im Gegenteil immer wieder unterbrochen. Es gibt reichlich freie Zeit, und pro Kopf und Jahr wird im Laufe eines Tages mehr geschlafen als in jeder anderen Gesellschaft.

Speziell für Australien finden sich auch in frühen Quellen einige Hinweise auf die Richtigkeit dieser Beobachtung. Glücklicherweise verfügen wir zudem über die Ergebnisse der quantitativen Untersuchungen, die von amerikanischen und australischen Wissenschaftlern im Jahr 1948 während ihrer Expedition nach Arnhemland gesammelt wurden. Dieses erstaunliche Zahlenmaterial, das erst im Jahr 1960 veröffentlicht wurde, wird dazu führen, dass nicht nur die mehr als ein Jahrhundert zurückreichenden Berichte über Australien revidiert werden müssen, sondern vielleicht sogar auch eine noch viel längere Periode anthropologischen Denkens als Ganzes auf den Prüfstand gestellt werden wird. Die wichtigste Forschungsarbeit im Rahmen der genannten Expedition war die von McCarthy und McArthur durchgeführte zeitliche Erfassung der Tätigkeiten, die mit dem Jagen und Sammeln zusammenhingen, verbunden mit McArthurs Analyse der Resultate dieser Tätigkeiten in Bezug auf das vorhandene Nahrungsangebot.

Grafiken 1.1 und 1.2 sind Zusammenfassungen der wichtigsten Untersuchungsergebnisse zur Produktivität. Es handelte sich dabei um Kurzzeitbeobachtungen, die während der Phasen durchgeführt wurden, in denen keine Zeremonien stattfanden.

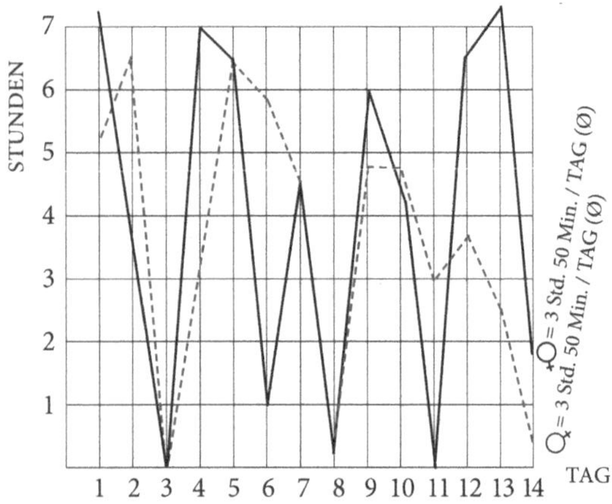

Grafik 1.1: Stunden pro Tag, die mit ernährungsbezogenen Tätigkeiten verbracht werden (Fish Creek-Gruppe)[60]

Die Aufzeichnungen für Fish Creek (14 Tage) beziehen sich nicht nur auf einen längeren Zeitraum als die für Hemple Bay (sieben Tage), sondern sind auch detaillierter. Soweit ich weiß, wurde nur die Arbeit der Erwachsenen erfasst. Die Diagramme enthalten von den Ethnografen aufgezeichnete

Angaben zur Jagd, zum Sammeln von Pflanzen, zur Zubereitung von Nahrungsmitteln und zur Reparatur von Waffen. Bei den Menschen in beiden Lagern handelte es sich um frei lebende Aborigines, die zumindest während des Untersuchungszeitraums außerhalb von Missionsstützpunkten oder anderen Siedlungen wohnten, auch wenn das normalerweise nicht unbedingt ihr Hauptaufenthaltsort war.[61]

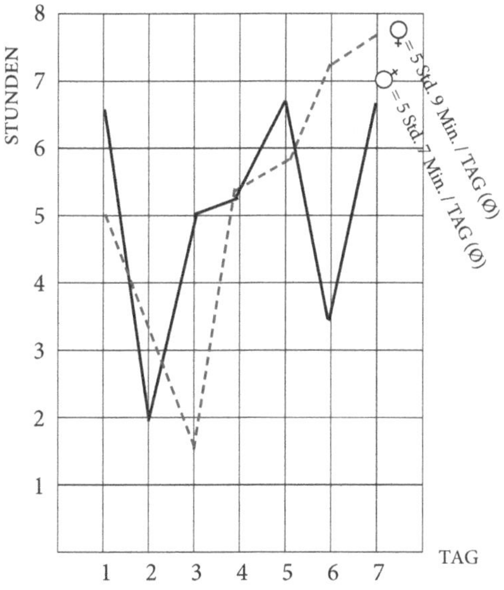

Grafik 1.2: Stunden pro Tag, die mit ernährungsbezogenen Tätigkeiten verbracht werden (Hemple Bay-Gruppe)[62]

Wenn allein aus den Daten von Arnhemland allgemeine und historisch weitreichende Schlüsse gezogen werden sollen, sind Vorbehalte angebracht. Nicht nur, dass der Kontext alles andere als ursprünglich und der Untersuchungszeitraum viel zu kurz waren: Es ist darüber hinaus denkbar, dass die modernen Bedingungen die Produktivität der Aborigines über ihr normales Maß hinaus erhöht haben könnten, etwa durch Metallwerkzeuge oder eine vom Bevölkerungsrückgang verursachte verringerte Inanspruchnahme der örtlichen Nahrungsressourcen. Diese Ungewissheit wird durch aktuelle Bedingungen, die die ökonomische Effizienz im Gegenteil verringern, nicht etwa neutralisiert, sondern verstärkt. So sind heutige, halb-autark lebende Jäger und Sammler wahrscheinlich nicht mehr ganz so geschickt wie ihre Vorfahren. Betrachten wir also die Schlussfolgerungen aus der Arnhemland-Expedition vorerst als hypothetisch: glaubwürdig nur in dem Maße, wie sie durch andere ethnografische oder historische Berichte gestützt werden.

Die erste und naheliegendste Schlussfolgerung ist, dass Jäger und Sammler nicht besonders viel arbeiten. Die durchschnittliche Zeit, die pro Person und Tag für das Beschaffen und Zubereiten von Nahrung aufgewendet wurde, betrug in der Studie vier bis fünf Stunden. Zweitens arbeitete man nicht ununterbrochen für den Lebensunterhalt, sondern mit zahlreichen Unterbrechungen. Sobald für den Augenblick genügend Nahrung zusammen war, wurde erst einmal Pause gemacht, es gab also viel Freizeit. Wie in anderen Produktionsweisen geht es auch in der Subsistenzwirtschaft um die Bereitstellung einer begrenzten Anzahl ganz bestimmter Güter. Ob diese Güter tatsächlich herbeigeschafft werden können, ist beim Jagen und Sammeln nie mit Sicherheit vorauszusagen, und entsprechend unregelmäßig gestaltet sich der Arbeitsrhythmus.

Ein drittes, der gängigen Lehrmeinung nicht geläufiges Merkmal des Jagens und Sammelns besteht bei den Aborigines darin, dass sie ihre objektiven wirtschaftlichen Möglichkeiten nie bis an die Grenzen der verfügbaren Arbeitskraft und der verfügbaren Ressourcen ausschöpfen.

> Die Menge der an einem Tag von einer dieser Gruppen gesammelten Nahrung hätte in jedem Fall gesteigert werden können. Obwohl die Nahrungssuche für die Frauen eine Arbeit war, die Tag für Tag von Neuem begann [siehe aber dazu unsere Grafiken 1.1 und 1.2], ruhten sie sich häufig aus und verbrachten keineswegs sämtliche Stunden des Tages mit der Nahrungssuche und -zubereitung. Die Nahrungsbeschaffung durch die Männer war noch sporadischer, und wenn sie an einem Tag einen

> guten Fang gemacht hatten, ruhten sie häufig am nächsten Tag aus. [...] Vielleicht wägen sie unbewusst den Nutzen größerer Nahrungsvorräte gegen den Aufwand des Sammelns ab, vielleicht legen sie aber auch fest, was sie für ausreichend halten, und wenn das gesammelt ist, hören sie auf.[63]

Daraus folgt viertens, dass diese Wirtschaftsweise in körperlicher Hinsicht nicht anstrengend war. Aus den täglichen Aufzeichnungen der Forscher geht hervor, dass sich die Menschen Zeit ließen; nur einmal wird ein Jäger als »völlig erschöpft« beschrieben.[64] Auch die Bewohner von Arnhemland selbst empfanden die Aufgaben der Subsistenzsicherung nicht als beschwerlich. »Sie betrachteten sie weder als eine unangenehme Arbeit, die so schnell wie möglich erledigt werden musste, noch als ein notwendiges Übel, das man so lange wie möglich aufschieben wollte«.[65] In diesem Zusammenhang und auch im Blick darauf, dass sie die vorhandenen Ressourcen nie vollständig ausschöpften, ist es bemerkenswert, dass sich die Jäger:innen und Sammler von Arnhemland durchaus nicht mit der »bloßen Existenz« zufriedengaben. Wie andere Aborigines auch,[66] wurden sie bei eintöniger Ernährung unleidlich, und sie scheinen einen nicht unerheblichen Anteil ihrer Zeit darauf verwendet zu haben, für Abwechslung zu sorgen, also für ein Nahrungsangebot, das mehr als die bloße Sättigung zum Ziel hatte.[67]

Ausreichend war die Nahrungsaufnahme im Arnhemland jedoch in jedem Fall – und zwar nach den Maßstäben des National Research Council of America. Der durchschnittliche Pro-Kopf-Verbrauch pro Tag betrug (in einem Beobachtungszeitraum von nur vier Tagen) in Hemple Bay 2160 Kalorien und in Fish Creek 2130 Kalorien (über 11 Tage). Tabelle 1.1 zeigt den durchschnittlichen Verzehr verschiedener Nährstoffe pro Tag, von McArthur in den prozentualen Anteil der von der NRCA empfohlenen Nährstoffzufuhr umgerechnet.

Tabelle 1.1: Mittlerer Tagesverbrauch in Prozent der empfohlenen Tagesration[68]

	Kalorien	**Eiweiß**	**Eisen**
Hemple Bay	116	444	80
Fish Creek	104	544	33

	Kalzium	**Ascorbinsäure**
Hemple Bay	128	394
Fish Creek	355	47

Und was hat die Arnhemland-Studie schließlich über die berühmte Frage der Muße zu sagen? Nun, das Jagen und Sammeln eröffnet offenbar außerordentliche Möglichkeiten zur Freistellung von der wirtschaftlichen Mitarbeit. So unterhielt die Fish-Creek-Gruppe im wahrsten Sinn des Wortes einen Vollzeithandwerker zwischen 35 und 40 Jahren, dessen eigentliche Expertise aber das Faulenzen gewesen zu sein scheint:

> Er ging nie mit den anderen Männern auf die Jagd, aber an einem Tag fing er mit einem Netz haufenweise Fische. Gelegentlich machte er sich in den Busch auf, um Nester von Wildbienen zu sammeln. Wilira war ein geschickter Handwerker, der Speere und Speerschleudern reparierte, Rauchrohre und Trommelrohre herstellte und (auf Wunsch) sehr geschickt eine Steinaxt schlug; abgesehen davon verbrachte er aber die meiste Zeit mit Plaudern, Essen und Schlafen.[69]

Wilira war kein Einzelfall. Ein großer Teil der von den Jägern im Arnhemland verbrachten Zeit war buchstäblich Freizeit, in der man sich dem Ausruhen und Schlafen widmete (siehe Tabellen 1.2 und 1.3). Die Hauptalternative zur Arbeit, mit der sie im gleichmäßigen Wechsel stattfand, war der Schlaf:

Tabelle 1.2: Ruhe- und Schlafzeiten am Tag (Fish-Creek-Gruppe)[70]

Tag	**Durchschnitt Männer**	**Durchschnitt Frauen**
1	2 Std. 15 Min.	2 Std. 45 Min.
2	1 Std. 30 Min.	1 Std.
3	Fast den ganzen Tag	
4	Mit Unterbrechungen	
5	Mit Unterbrechungen und fast den ganzen Spätnachmittag	
6	Fast den ganzen Tag	
7	Einige Stunden	
8	2 Std.	2 Std.
9	50 Min.	50 Min.
10	nachmittags	
11	nachmittags	
12	Mit Unterbrechungen, nachmittags	
13	–	–
14	3 Std. 15 Min.	3 Std. 15 Min.

Tabelle 1.3: Ruhe- und Schlafzeiten am Tag (Hemple-Bay-Gruppe)[71]

Tag	**Durchschnitt Männer**	**Durchschnitt Frauen**
1	–	45 Min.
2	Fast den ganzen Tag	2 Std. 45 Min.
3	1 Std.	–
4	Mit Unterbrechungen	Mit Unterbrechungen
5	–	1 Std. 30 Min.
6	Mit Unterbrechungen	Mit Unterbrechungen
7	Mit Unterbrechungen	Mit Unterbrechungen

Abgesehen von der Zeit, die ganz allgemein mit Sozialkontakten, Gesprächen, Klatsch und Tratsch und so weiter verbracht wurde (meist zwischen den eigentlichen Arbeiten und während der Kochzeiten), wurden auch einige Stunden des helllichten Tags zum Ausruhen und Schlafen genutzt. Im Durchschnitt schliefen die Männer, wenn sie im Lager waren, nach dem Mittagessen eine bis anderthalb Stunden, manchmal auch länger. Auch nach der Rück-

> kehr vom Fischen oder von der Jagd schliefen sie in der Regel, entweder sofort nach ihrer Ankunft oder während das Wild zubereitet wurde. In Hemple Bay legten sich die Männer hin, wenn sie relativ früh am Tag zurückkehrten, aber nicht, wenn sie das Lager nach 16:00 Uhr erreichten. Die Frauen schienen beim Sammeln im Wald noch häufiger zu ruhen als die Männer. Wenn sie den ganzen Tag im Lager waren, schliefen auch sie zu merkwürdigen Tageszeiten, manchmal auch über längere Zeiträume.[72]

Dass es den Bewohnern von Arnhemland nicht gelungen ist, eine »Kultur aufzubauen«, liegt also nicht wirklich an der fehlenden Zeit. Es liegt an untätigen Händen.

So viel zur Notlage der Jäger und Sammler in Arnhemland. Was die San betrifft, die von Herskovits in wirtschaftlicher Hinsicht mit den australischen Jägern verglichen wurden, zeigen zwei ausgezeichnete neuere Berichte von Richard Lee, dass ihre Lebensbedingungen im Großen und Ganzen die gleichen sind.[73] Lees Forschung verdient nicht nur deshalb besondere Beachtung, weil sie sich über die San im Allgemeinen hinaus vor allem mit der Dobe-Gruppe innerhalb der !Kung-San beschäftigt, deren Territorium an das Gebiet Nyae Nyae angrenzt. Über die Subsistenzwirtschaft der Bewohner dieses Gebiets hat Lorna Marshall – in einem Kontext, der ansonsten von »materiellem Überfluss« geprägt ist – wichtige Vorbehalte geäußert. Die Dobe leben in einem Gebiet Botswanas, in dem die !Kung-San seit mindestens hundert Jahren beheimatet sind. Erst neuerdings sind sie Vertreibungen ausgesetzt. (Metall allerdings stand den Dobe bereits etwa seit der Zeit zwischen 1880 und 1890 zur Verfügung.) Mit einer Bevölkerungsgruppe von 41 Personen wurde eine intensive Studie über die Subsistenzwirtschaft eines Trockenzeitlagers durchgeführt, das ungefähr dem Durchschnitt einer solchen Siedlung entsprach. Die Beobachtungen erstrecken sich über vier Wochen im Juli und August 1964 (einer Zeit des Übergangs von der günstigeren zur ungünstigeren Jahreszeit) und sind daher ziemlich repräsentativ für die durchschnittlichen Schwierigkeiten bei der Subsistenzsicherung.

Trotz der geringen jährlichen Niederschlagsmenge (15 bis 25 Zentimeter) fand Lee im Dobe-Gebiet eine »überraschend üppige Vegetation« vor. Ressourcen für Nahrungsmittel waren »in großer Vielfalt und reichlich vorhanden«. Insbesondere die energiereiche Mongongo-Nuss »gab es so reichlich, dass jedes Jahr Millionen von Nüssen auf dem Boden verfaulten, weil sie nicht gepflückt werden konnten«.[74] Lees Untersuchungen über die Zeit, die mit der Nahrungsbeschaffung zugebracht wurde, kommen den Beobachtungen aus Arnhemland bemerkenswert nahe. Tabelle 1.4 fasst Lees Ergebnisse zusammen.

Die Zahlen über die San legen nahe, dass die Arbeit eines Mannes beim Jagen und Sammeln vier oder fünf Personen ernähren kann. Wenn man diese Beobachtung für bare Münze nimmt, ist die Nahrungsbeschaffung der San effizienter als die der französischen Landwirtschaft vor dem Zweiten Weltkrieg, als mehr als 20 Prozent der Bevölkerung mit der Ernährung des ganzen Landes beschäftigt waren. Der Vergleich ist zugegebenermaßen etwas irreführend, aber vor allem ist er erstaunlich. Von der Gesamtpopulation der freien San, mit denen Lee Kontakt hatte, gehörten 61,3 Prozent (152 von 248) zu den tatsächlichen Nahrungsproduzenten; der Rest war zu jung oder zu alt, um einen nennenswerten Beitrag zu leisten. In dem untersuchten Lager waren es 65 Prozent. Das Verhältnis zwischen den Nahrungsmittelproduzenten und der allgemeinen Bevölkerung beträgt also 3 : 5 oder 2 : 3. Aber: Diese 65 Prozent der Menschen »arbeiteten nur 36 Prozent der Zeit, und umgekehrt bedeutet die Zahl 65, dass 35 Prozent der Menschen überhaupt nicht arbeiten«.[75]

Tabelle 1.4: Zusammenfassung des Arbeitstagebuchs der Dobe-San[76]

Woche	**Mittlere Gruppengröße***	**Pro-Kopf-Konsumtionstage +**
1 (6.–12.7.)	25,6 (23–29)	179
2 (13.–19.7.)	28,3 (23–37)	198
3 (20.–26.7.)	34,3 (29–40)	240
4 (27.7.–2.8.)	35,6 (32–40)	249
Summe 4 Wochen	30,9	866
Angepasste Summe[§]	31,8	688

* Die Gruppengröße wird als Durchschnitt und Spanne angegeben. In den San-Lagern gibt es kurzfristig beträchtliche Bevölkerungsschwankungen.

\+ Beinhaltet sowohl Kinder als auch Erwachsene, weil es um die Gesamtzahl der erforderlichen Versorgungstage pro Woche geht.

++ Dieser Quotient wurde von Lee eingeführt, um das Verhältnis zwischen dem Konsum und der zur Produktion der entsprechenden Gebrauchswerte notwendigen

Pro-Kopf-Arbeitstage	Arbeitstage / Woche / Erwachsener	Index des Subsistenzaufwands ++
37	2,3	0,21
22	1,2	0,11
42	1,9	0,18
77	3,2	0,31
178	2,2	0,21
156	2,5	0,23

Arbeitszeit zu veranschaulichen: S = A/K, wobei A = die Anzahl der Arbeitstage pro Person und K = die Anzahl der Konsumtionstage pro Person. Der Kehrwert gibt an, wie viele Menschen durch einen Subsistenzarbeitstag ernährt werden könnten.

§ Woche 2 wurde bei den abschließenden Berechnungen nicht berücksichtigt, da der Versuchsleiter in diesem Zeitraum an zwei Tagen Lebensmittel für das Lager beigesteuert hatte.

Für jeden erwachsenen Arbeiter belief sich die wöchentliche Arbeitszeit also auf etwa zweieinhalb Tage. (»Mit anderen Worten, jede produktive Person versorgte sich selbst und ihre Angehörigen und hatte noch dreieinhalb bis fünfeinhalb Tage für andere Aktivitäten zur Verfügung.«) Ein »Arbeitstag« dauert etwa sechs Stunden; die Dobe-Arbeitswoche beträgt also etwa 15 Stunden oder durchschnittlich 2 Stunden und 9 Minuten pro Tag. Diese Zahl liegt sogar noch unter dem Durchschnittswert von Arnhemland, berechnet jedoch das Kochen und die Vorbereitung von Arbeitsgeräten nicht mit ein. Alles in allem kommt also die Subsistenzarbeit der San wahrscheinlich derjenigen der australischen Aborigines sehr nahe.

Wie die Aborigines verbringen auch die San die Zeit, in der sie nicht für ihren Lebensunterhalt arbeiten, mit Müßiggang oder Freizeitaktivitäten. Auch hier ist wieder der charakteristische paläolithische Rhythmus zu erkennen: ein bis zwei Tage Arbeit und ein bis zwei freie Tage – wobei Letztere zwanglos im Camp verbracht werden. Obwohl die wichtigste produktive Tätigkeit im Nahrungssammeln besteht, schreibt Lee, »verbringen die Menschen den größten Teil ihrer Zeit (vier bis fünf Tage pro Woche) mit anderen Dingen, indem sie sich zum Beispiel ausruhen oder Besuche in anderen Camps machen«:[77]

> Eine Frau sammelt an einem Tag genügend Nahrung, um ihre Familie drei Tage lang zu ernähren, und verbringt die restliche Zeit damit, sich im Lager auszuruhen, zu sticken, anderen Camps Besuche abzustatten oder sich um Besucher aus anderen Camps zu kümmern. An den Tagen, die zu Hause verbracht werden, nehmen Küchenarbeiten wie Kochen, Nüsseknacken, Feuerholzsammeln und Wasserholen ein bis drei Stunden ihrer Zeit in Anspruch. Dieser Rhythmus aus regelmäßiger Arbeit und regelmäßiger Freizeit wird das ganze Jahr über beibehalten. Die Jäger arbeiten tendenziell etwas mehr als die Frauen, dafür aber unregelmäßiger. Dass ein Mann eine Woche lang eifrig auf der Jagd ist und dann zwei bis drei Wochen lang überhaupt nichts tut, ist nichts Ungewöhnliches. Da die Jagd eine unberechenbare Angelegenheit ist und dem Einfluss magischer Kräfte unterliegt, gibt es manchmal Pechsträhnen, in denen die Jäger für einen Monat oder länger überhaupt nicht auf die Jagd gehen. In solchen Phasen sind die Männer hauptsächlich damit beschäftigt, Besuche zu machen, Gäste zu empfangen und vor allem zu tanzen.[78]

Der tägliche Pro-Kopf-Ertrag an Lebensmitteln betrug bei den Dobe-San 2140 Kalorien. Unter

Berücksichtigung des Körpergewichts, der durchschnittlichen Aktivität und der Alters- und Geschlechtszusammensetzung innerhalb der Dobe-Bevölkerung schätzt Lee jedoch, dass eigentlich nur 1975 Kalorien pro Kopf benötigt wurden. Ein Teil der überschüssigen Nahrung ging wahrscheinlich an die Hunde, die das fraßen, was die Menschen übrig ließen. »Daraus lässt sich schließen, dass die Buschleute entgegen der allgemeinen Annahme keineswegs ein Leben am Rande des Hungertodes führen.«[79]

Isoliert betrachtet wird die etablierte theoretische Position von den Berichten über Arnhemland und die San infrage gestellt, wenn nicht sogar blamiert. Wobei insbesondere die zuletzt erwähnte Untersuchung wegen ihrer Künstlichkeit zumindest als zweifelhaft angesehen werden muss. Jedoch werden die Berichte über die Arnhemland-Expedition in vielen Aspekten von Beobachtungen aus der Welt der Jäger und Sammler in Australien und anderswo bestätigt. Die meisten Berichte aus Australien gehen auf das 19. Jahrhundert zurück, einige davon auf sehr kluge Beobachter, denen bewusst war, dass die Aborigines, die schon mit Europäern in Kontakt gekommen waren, Ausnahmen darstellten, denn »ihre Nahrungsversorgung ist eingeschränkt, und [...] sie wurden in vielen Fällen von den Wasserlöchern, an denen sie am häufigsten jagten, vertrieben«.[80]

Für die gut bewässerten Gebiete im Südosten Australiens ist der Fall ziemlich klar. Dort waren die Aborigines mit einem so reichhaltigen und leicht zu beschaffenden Vorrat an Fisch gesegnet, dass sich einer der illegitimen Landbesetzer im Victoria der 1840er-Jahre zu der Frage veranlasst sah, »wie dieses weise Volk sich die Zeit vertrieben hat, bevor meine Leute kamen und ihnen das Rauchen beibrachten«.[81] Das Rauchen löste zumindest das ökonomische Problem des Nichtstuns: »Die Neuerung wurde munter aufgegriffen, und man teilte sich die Freizeit nun zwischen dem bestimmungsgemäßen Gebrauch der Pfeife und dem Erbetteln meines Tabaks auf.« In etwas ernsthafterer Absicht versuchte sich der alte Landräuber an einer Einschätzung der Zeit, die die Bewohner des damaligen Port Phillip's District mit Jagen und Sammeln verbrachten. Die Frauen waren etwa sechs Stunden am Tag auf Sammeltour, wobei »die Hälfte dieser Zeit im Schatten oder am Feuer vertrödelt wurde«; die Männer brachen zur Jagd auf, kurz nachdem die Frauen das Camp verlassen hatten und kehrten etwa zur gleichen Zeit zurück.[82] Curr stellte fest, dass die auf diese Weise gewonnene Nahrung trotz ihrer umfassenden Verfügbarkeit von »mittelmäßiger Qualität« war, und dass die sechs Stunden pro Tag zu diesem Zweck »bequem ausreichten«; in der Tat hätte das Land »die doppelte Zahl von

Schwarzen ernähren können, die wir darin fanden«.[83] In ähnlicher Weise äußerte sich auch ein anderer früher Siedler namens Clement Hodgkinson im Blick auf eine vergleichbare Umgebung im Nordosten von New South Wales. Ein paar Minuten Fischfang reichten aus, um »den ganzen Stamm« zu ernähren, schrieb er.[84] »Entlang der gesamten Ostküste hat es den angeblichen Nahrungsmangel, von dem viele mitfühlende Autoren ausgingen, in Wirklichkeit nie gegeben.«[85]

Doch die Menschen, die in diesen fruchtbareren Gebieten Australiens lebten, vor allem im Südosten, konnten das heute vorherrschende Bild von den Aborigines schon deshalb nicht mitprägen, weil sie sehr früh ausgelöscht wurden.[86] Das Verhältnis der Europäer zu den von ihnen so genannten »Blackfellows« war so sehr geprägt von den Auseinandersetzungen über die Reichtümer des Kontinents, dass das Nachdenken zum Luxus wurde, für den während der Zerstörungsarbeit kaum Zeit und Lust übrig war. So blieb der Ethnografie nur eine äußerst magere Ausbeute: hauptsächlich Gruppen im Landesinneren, hauptsächlich Wüstenbewohner, vor allem die Arunta. Nicht, dass die Arunta besonders schlecht dran gewesen wären: »Sie führen keineswegs ein trauriges oder besonders hartes Leben«.[87] Doch was ihre Zahl und ihre Anpassung an die natürliche Umgebung angeht, sollten die Stämme aus dem

Landesinneren tatsächlich nicht als typisch für die australischen Aborigines angesehen werden.[88] Zumindest repräsentativ ist dagegen die folgende Beschreibung der indigenen Wirtschaftsweise, die John Edward Eyre anfertigte, nachdem er die Südküste bis zu den Flinders Ranges bereist und einige Zeit im reicheren Bezirk Murray verbracht hatte:

> Im größten Teil von Neuholland, wo keine europäischen Siedler leben, und immer dann, wenn es dauerhaften Zugang zu frischem Wasser gibt, haben die Eingeborenen keinerlei Schwierigkeiten, sich das ganze Jahr über reichlich mit Nahrung zu versorgen. Zwar stimmt es, dass die Art ihrer Ernährung je nach Jahreszeit und Beschaffenheit des von ihnen bewohnten Landes variiert, aber es kommt so gut wie nie vor, dass zu einer bestimmten Jahreszeit oder auf irgendeiner Art von Land nicht sowohl tierische als auch pflanzliche Nahrungsmittel vorhanden wären. [...] Von diesen [Haupt-] Nahrungsmitteln sind viele nicht nur in Hülle und Fülle, sondern auch zu den richtigen Jahreszeiten vorhanden, sodass sie für eine beträchtliche Zeitspanne vielen Hunderten an einem Ort versammelten Eingeborenen ein reichliches Auskommen

verschaffen. An vielen Stellen der Küste und in den größeren Flüssen im Landesinneren gibt es in Hülle und Fülle Fisch von bester Qualität. Am Viktoriasee [...] habe ich sechshundert Eingeborene zusammen lagern sehen, die sich alle von Fischen aus dem See ernährten, eventuell ergänzt durch die Blätter des Mesembryanthemums. Als ich unter ihnen lebte, konnte ich in ihren Lagern niemals so etwas wie Mangel feststellen. [...] In Moorunde, wenn der Murray alljährlich über die Ufer tritt und die Ebenen überschwemmt, kommen Süßwasserkrebse in so großer Zahl an die Oberfläche, dass sich, wie ich einmal beobachten konnte, etwa vierhundert Eingeborene wochenlang von ihnen ernähren konnten, wobei die verdorbenen oder weggeworfenen Krebse vierhundert weitere hätten ernähren können. [...] Ab Anfang Dezember gibt es darüber hinaus massenhaft Fisch am Murray. Die Anzahl [der Fische], die in wenigen Stunden gefangen werden, [...] ist unglaublich. [...] Ein weiteres sehr beliebtes Nahrungsmittel, das zu einer bestimmten Jahreszeit im östlichen Teil des Kontinents ähnlich reichlich vorhanden ist, ist eine bestimmte Nachtfalterart, die in bestimmten Gegenden in den Höhlen und Vertiefungen der Berge zu finden sind. [...] Die Spitzen, Blätter und Stängel einer Kresseart sind, wenn sie zur richtigen Jahreszeit geerntet werden, eine beliebte und unerschöpfliche Nahrungsquelle für eine unbegrenzte Anzahl von Eingeborenen. [...] Und es gibt bei ihnen noch viele andere Nahrungsmittel, die ebenso reichlich und wertvoll sind wie die, die ich bereits aufgezählt habe.[89]

Sowohl Eyre als auch Sir George Grey, von dessen positiver Darstellung der Jäger-und-Sammler-Ökonomie wir bereits hörten (»Ich habe in den Hütten der Eingeborenen immer den größten Überfluss vorgefunden«), überlieferten uns Schätzungen der Stunden, die die Aborigines täglich mit Subsistenzarbeit verbrachten. (Grey fertigte solche Schätzungen auch für die Bewohner der eher unwirtlichen Gegenden Westaustraliens an.) Diese Aussagen der Herren »Entdecker« stimmen sehr weitgehend mit den Durchschnittswerten überein, die McCarthy und McArthur für Arnhemland ermittelt haben. »Zu allen üblichen Jahreszeiten«, schrieb Grey, (das heißt, wenn die Menschen nicht aufgrund von schlechtem Wetter in ihre Hütten eingesperrt sind), »könnten sie sich *innerhalb von zwei bis drei Stunden* einen ausreichenden Nahrungsvorrat für den Tag zulegen, doch sie ziehen es vor, gemächlich von einem Fleck zum nächsten zu ziehen und nebenbei Nahrung zu sammeln«.[90] Ganz ähnlich stellt Eyre fest: »Fast überall auf dem Kontinent, wo ich gewesen bin und die Anwesenheit der Europäer beziehungsweise ihr Viehbestand die ursprüngliche Lebensgrundlage der Eingeborenen nicht eingeschränkt oder zerstört haben, konnte ich feststellen, dass in der Regel *drei bis vier Stunden* ausreichten, um Nahrungsmittel für den gesamten Tag zu beschaffen – und das völlig ohne Erschöpfung oder Anstrengung.«[91]

Die von McArthur und McCarthy beobachtete Unregelmäßigkeit der Subsistenzarbeit, das Muster der Abwechslung von Nahrungssuche und Schlaf, findet sich sowohl in den frühen als auch in den späten Berichten aus allen Gegenden des Kontinents.[92] Basedow war der Ansicht, dass dieses Muster fest zur allgemeinen Lebensweise der Aborigines gehörte: »Wenn alles glatt läuft, genügend Wild vorhanden ist und reichlich Wasser zur Verfügung steht, machen sich die Aborigines ihr Leben so leicht wie möglich; dem Außenstehenden mögen sie sogar faul erscheinen.«[93]

In Afrika erfreuen sich die Hadza seit Langem einer ähnlichen Leichtigkeit: Die Tätigkeiten, denen sie zur Subsistenzsicherung nachgehen, sind in keiner Weise anstrengender als die der San oder der australischen Aborigines.[94] Weil sie in einem Gebiet mit einem »außergewöhnlichen

Überfluss« an Wild und (in der Nähe des Eyasisees) einer kontinuierlichen Versorgung mit essbaren Pflanzen leben, scheinen sich die Männer wesentlich mehr für Glücksspiele als für das Jagdglück zu interessieren. Vor allem während der langen Trockenzeit verbringen sie einen Großteil ihrer Tage mit Spielen, auch wenn sie dabei die Metallpfeile einsetzen müssen, die sie zu anderen Zeiten für die Großwildjagd benötigen. Aber auch so sind viele Männer »nicht darauf vorbereitet und in der Lage, Großwild zu jagen, selbst wenn sie die nötigen Pfeile besitzen«. Die wenigsten Männer, schreibt Woodburn, sind tatsächlich aktive Jäger von Großwild, und wenn auch die Frauen im Allgemeinen beim Pflanzensammeln fleißiger sind, geschieht auch das in gemächlichem Tempo und ohne größere Anstrengung.[95] Trotz dieser Lässigkeit und einer nur wenig ausgeprägten Arbeitsteilung und Kooperation haben die Hadza ohne übermäßige Anstrengung immer genug zu essen. Woodburn schlägt folgende »sehr grobe Annäherung« an die notwendige Subsistenzarbeitszeit vor: »Über das ganze Jahr hinweg werden wahrscheinlich durchschnittlich weniger als zwei Stunden pro Tag für die Nahrungsbeschaffung aufgewendet.«[96]

Auch die Hadza in Afrika, die sich an den Vorgaben des Lebens und nicht der Anthropologie orientieren, verweigern sich interessanterweise den Segnungen der Neolithischen Revolution, gerade weil sie sich ihre Muße *erhalten* wollen. Sie sind von Ackerbauern umgeben, aber bis vor Kurzem hatten sie keinerlei Interesse daran, selbst in die Landwirtschaft einzusteigen, »und sie begründeten das hauptsächlich damit, dass sie dann viel zu viel arbeiten müssten«.[97] Darin gleichen sie den San, die auf die neolithische Frage eine Gegenfrage stellen: »Wozu etwas pflanzen, wenn doch die Welt voller Mongongo-Nüsse ist?«[98] Zumindest Woodburn hatte den – allerdings noch nicht belegten – Eindruck, dass die Hadza zum Bestreiten ihres Lebensunterhalts weniger Energie und wahrscheinlich auch weniger Zeit aufwenden als die Ackerbauern im benachbarten Ostafrika.[99] Und, um den Kontinent, nicht aber das Thema zu wechseln, auch das unregelmäßige ökonomische Engagement der Jäger und Sammler Südamerikas erschien dem europäischen Beobachter häufig wie eine unheilbare »natürliche Veranlagung«:

> … die Yagan sind nicht in der Lage, jeden Tag stetig und hart zu arbeiten, sehr zum Leidwesen der Großgrundbesitzer aus Europa, die häufig ihre Arbeitgeber sind. Sie arbeiten eher anfallartig, in immer neuen Anläufen, und bei diesen vereinzelten Anstrengungen können sie für kurze Zeit erhebliche Energie aufbrin-

> gen. Danach brauchen sie aber eine Ruhezeit, deren Dauer unberechenbar ist und in der sie herumliegen und nichts tun, ohne dass sie besonders müde wirken. Es liegt auf der Hand, dass diese permanente Unregelmäßigkeit den europäischen Arbeitgeber zur Verzweiflung bringt, aber der Indianer kann nichts dafür. Es ist seine natürliche Veranlagung.[100]

Die Einstellung der Jäger und Sammler:innen zur Landwirtschaft offenbart uns schließlich bestimmte Eigenheiten in ihrem Verhältnis zur Nahrungssuche. Auch hier dringen wir in jenen internen Bereich des Wirtschaftens ein, der manchmal subjektiv und stets schwer zu verstehen ist; außerdem könnte man meinen, dass die Jäger:innen und Sammler unseren Verstand durch ihre merkwürdigen Bräuche absichtlich derart überfordern, dass die drastische Interpretation naheliegt, dass sie entweder dumm sind oder tatsächlich keinerlei Grund haben, sich irgendwelche Sorgen zu machen. Ersteres wäre im Blick auf die Nonchalance des Jägers ein naheliegender logischer Schluss, aber eben nur unter der Voraussetzung, dass seine wirtschaftliche Lage tatsächlich prekär wäre. Wenn es aber in der Regel einfach ist, für seinen Lebensunterhalt zu sorgen, wenn man in der Regel damit rechnen kann, dass die entsprechenden Bemühungen Früchte tragen, dann ist der angebliche Leichtsinn dieser Menschen im Grunde genommen keiner mehr. Mit Blick auf die einzigartige Entwicklungsgeschichte der Marktwirtschaft, in der Knappheit institutionalisiert wurde, schrieb Karl Polanyi, dass unsere »tierische Abhängigkeit von Nahrung freigelegt und der nackten Angst vor dem Verhungern Tür und Tor geöffnet wurde. Unsere erniedrigende Versklavung an das Materielle, die durch die gesamte menschliche Kultur abgemildert werden sollte, wurde absichtlich verschärft«.[101] Solche Probleme haben die Jäger:innen und Sammler nicht. Vielmehr prägt ein unschuldiger Überfluss ihre ökonomischen Verhältnisse, ein Grundvertrauen in das reichliche Vorhandensein der natürlichen Ressourcen – und eben nicht die Verzweiflung über die Unzulänglichkeit der menschlichen Mittel. Ich will damit sagen, dass die ansonsten vielleicht seltsam erscheinenden heidnischen Vorrichtungen durch eben dieses Vertrauen überhaupt erst verständlich werden, ein Vertrauen, das eigentlich das vernünftige, uns Menschen angemessene Attribut jedes erfolgreichen Wirtschaftens ist.[102]

Betrachten wir die anhaltenden Wanderungen der Jäger:innen von Lager zu Lager. Dieses Nomadentum, das uns oft so mühselig vorkommt, wird von ihnen mit dezidierter Hingabe betrieben. Die Aborigines von Victoria, so Smyth, sind in der

Regel »faule Reisende. *Sie haben nicht den geringsten Grund, sich zu beeilen.* Meist brechen sie erst spät am Vormittag auf, und unterwegs wird immer wieder Pause gemacht.«[103] Der gute Père Biard fährt in seinen Beobachtungen aus dem Jahr 1616 nach einer begeisterten Beschreibung all der Nahrungsmittel, die den Micmac zu den jeweiligen Jahreszeiten zur Verfügung stehen (»Nie hat Salomon sein Haus besser bestellt und mit Lebensmitteln versorgt«), im gleichen Ton fort:

> Um dieses, ihr Schicksal, in vollen Zügen zu genießen, brechen unsere Waldbewohner mit so viel Vergnügen zu ihren verschiedenen Stellen auf, als hätten sie einen Spaziergang oder einen Ausflug vor, was auch an ihrer geschickten Handhabung und der großen Bequemlichkeit der Kanus liegt, [...] bei gutem Wetter kann man in diesen Booten ohne jede Anstrengung dreißig bis vierzig Meilen am Tag zurücklegen; wobei wir die Wilden fast nie in diesem Tempo reisen sehen, weil für sie der ganze Tag ein einziger Zeitvertreib ist. Sie sind nie in Eile. Ganz anders als wir, die wir nie etwas ohne Angst und Eile tun können.[104]

Gewiss, die Jäger und Sammler:innen brechen ihre Lager immer dann ab, wenn es in der Umgebung keine Nahrungsquellen mehr gibt. Aber in dieser Art des Nomadentums lediglich eine Flucht vor dem Hunger zu sehen, ist nur zur Hälfte wahr, denn tatsächlich wird die Erwartung, dass anderswo die Weiden grüner sind, nur selten enttäuscht. Folglich sind ihre Wanderungen alles andere als von Unsicherheit und Sorge geprägt, sondern haben eher den Charakter eines Picknickausflugs an der Themse.

Als größeres Problem wird ein gewisser »Mangel an Voraussicht« bei den Jäger:innen und Sammlern empfunden – eine häufige Beobachtung, die in einem geradezu verärgerten Ton vorgebracht wird. Auf immer in der Gegenwart verankert, ohne »auch nur im Geringsten daran zu denken, was der morgige Tag bringen mag«,[105] scheinen die Jäger:innen und Sammler:innen keinerlei Vorräte anlegen zu wollen und insgesamt unfähig zu sein, planvoll auf das mit Sicherheit auf sie zukommende Unheil zu reagieren. Stattdessen pflegen sie eine vorsätzliche Unbekümmertheit, die sich in zwei einander ergänzenden ökonomischen Verhaltensweisen äußert.

Die erste ist die Verschwendungssucht: die Neigung, sich sogar in objektiv schwierigen Zeiten durch sämtliche Lebensmittel des Lagers zu futtern, »als ob«, wie LeJeune über die Montagnais schreibt, »das Wild, das sie jagen mussten, in einen Stall eingesperrt wäre«. Basedow schrieb über die australischen Aborigines, ihr Motto »könnte mit den Worten zusammengefasst werden: Solange es heute genug gibt, kümmere dich nicht um morgen. Aus diesem Grund neigt der Aborigine dazu, aus seinen Vorräten ein einziges Festmahl zu bereiten, anstatt sich jetzt mit einer bescheidenen Mahlzeit zu begnügen und später eine weitere zu sich zu nehmen.«[106] LeJeune musste sogar mitansehen, wie diese Extravaganz seine Montagnais bis an den Rand der Katastrophe trieb:

> Wenn meine Gastgeber während der Hungersnot, die wir durchlebten, zwei, drei oder vier Biber erbeuteten, gaben sie sofort, egal ob gerade Tag oder Nacht war, ein Festmahl für alle benachbarten Wilden. Und wenn diese ebenfalls etwas erbeutet hatten, feierten sie gleichzeitig ein Fest, sodass man von einem Fest zum anderen ging und manchmal sogar zu einem dritten und vierten. Ich sagte ihnen, dass sie gerade nicht besonders gut dastünden und dass es besser wäre, sich solche Feste für künftige Tage aufzusparen, damit der Hunger nicht allzu arg würde. Sie lachten mich aus: »Morgen« (sagten sie) »werden wir mit dem, was wir erbeuten, ein weiteres Festmahl veranstalten.« Ja, aber sehr häufig fingen sie nichts als Wind und Kälte.[107]

Wohlwollende Autoren haben versucht, die offensichtliche Unzweckmäßigkeit dieses Verhaltens rational zu erklären. Vielleicht habe der Hunger die Menschen in die Unvernunft getrieben: Sie schlügen sich deshalb mit der Beute den Bauch voll, weil sie so lange ohne Fleisch hatten auskommen müssen – und darauf gefasst seien, dass es bald wieder so komme. Oder vielleicht reagiere der Mann, der seine Vorräte für ein einziges Festmahl aufbrauche, auf soziale Verpflichtungen, irgendwelche wichtigen Regeln über das Teilen, an die er gebunden sei. LeJeunes Erlebnisse stützen beide Sichtweisen, aber auch eine dritte ist denkbar, besser gesagt: Die Montagnais haben ihre eigene Erklärung. Sie machen sich deshalb keine Gedanken über den morgigen Tag, weil er, was sie betrifft, das gleiche bringen wird, wie der heutige Tag: »ein weiteres Festmahl«. Egal, wie überzeugend andere Interpretationen sind: Diese Art von Selbstvertrauen muss immer dann mitbedacht werden, wenn die vermeintliche Verschwendungssucht der Jäger und Sammler:innen Thema ist. Mehr noch, dieses Selbstvertrauen muss eine objektive Grundlage haben, denn wenn die Jäger und Sammler wirklich der gedankenlosen Völlerei den Vorzug vor vernünftigem ökonomischen Handeln gegeben hätten, hätten sie gar nicht so lange überlebt, als dass sie zu Propheten dieser neuen Religion hätten werden können.

Eine zweite, die erste lediglich ergänzende ökonomische Verhaltensweise ist nur das Gegenstück zu der geschilderten Verschwendungssucht: das Versäumnis, überschüssige Nahrungsmittel aufzubewahren, also Vorratshaltung zu betreiben. Bei vielen Jäger:innen und Sammlern erweist sich das Anlegen von Vorräten weder als technisch unmöglich, noch kann mit Sicherheit behauptet werden, dass diese Menschen sich der Möglichkeit zur Vorratshaltung nicht bewusst sind.[108] Man muss vielmehr untersuchen, was in der entsprechenden Situation schon dem bloßen Vorsatz entgegensteht. Genau das hat Gusinde im Blick auf die Yagan getan, und wieder lag die Antwort in dem bekannten und berechtigten Optimismus. Die Lagerung sei letztendlich »überflüssig«, denn das Meer stellt

> während des ganzen Jahres mit fast uneingeschränkter Freigebigkeit allerhand Tiere dem jagenden Manne und der sammelnden Frau zur Verfügung [...] Von diesen Dingen wird eine Familie höchstens einige Tage durch Sturm und Unfall ferngehalten, für gewöhnlich braucht niemand mit Hunger zu rechnen und alle finden reichlich und fast überall das, was sie benötigen. Wozu sollte sich jemand für die Zukunft noch Nahrungssorgen machen! [...] Unsere Feuerländer wissen sich grund-

> sätzlich außer Gefahr für die Zukunft, deshalb häufen sie gar keine Vorräte auf. Sorglos können sie den folgenden Tag erwarten, jahraus, jahrein ...[109]

Die Erklärung von Gusinde mag soweit zutreffend sein, aber sie ist gleichzeitig unvollständig. Wir haben es hier offenbar mit einem komplexeren und subtileren wirtschaftlichen Kalkül zu tun – das jedoch durch eine äußerst einfache soziale Arithmetik in die Tat umgesetzt wird. So oder so sollte man die Vorteile der Nahrungsmittellagerung mit den nach und nach abnehmenden Erträgen beim Sammeln in einem begrenzten Gebiet ins Verhältnis setzen. Eine durch nichts zu relativierende Tendenz zur Reduzierung der Tragelast ist für Jäger und Sammler:innen zentral wichtig: eine Grundbedingung ihrer produktiven Tätigkeit und ihrer Beweglichkeit. Der potenzielle Nachteil der Lagerhaltung besteht genau in diesem Widerspruch zwischen Reichtum und Mobilität. Jede Form von Vorratshaltung würde das Lager in einem bestimmten Territorium verankern, in dem aber das natürliche Nahrungsvorkommen bald erschöpft wäre. Die so durch angehäufte Vorräte immobil gewordenen Menschen würden im Vergleich zu denen schlechter abschneiden, die anderswo in bescheidenerem Ausmaß jagen und sammeln – dort, wo die Natur sozusagen selbst eine beträchtliche Menge an Nahrungsmitteln eingelagert hat, die möglicherweise sowohl in ihrer Vielfalt als auch in ihrer Menge attraktiver sind als alles, was Menschen je zusammentragen könnten. Aber diese feine Berechnung – die bezeichnenderweise wahrscheinlich so oder so unmöglich ist –[110] würde innerhalb eines sehr einfachen binären Gegensatzes stattfinden, der sich in sozialen Begriffen wie »Liebe« und »Hass« ausdrückt. Denn die technisch neutrale Tätigkeit des Anhäufens oder Lagerns von Lebensmitteln ist, wie Richard Lee beobachtet hat, moralisch betrachtet wiederum etwas ganz anderes, nämlich »Horten«.[111] Der effiziente Jäger und Sammler, der Vorräte anhäufen will, könnte entweder einen solchen Erfolg nur auf Kosten seines Ansehens feiern, oder auf Kosten seiner (dann überflüssigen) Anstrengung alles verschenken. So kann der Versuch, Vorräte anzulegen, die Gesamtleistung einer Gruppe von Jäger:innen und Sammlern auf Dauer schmälern, weil die Habenichtse sich damit begnügen könnten, im Lager zu bleiben und von den Vorräten zu leben, die die Umsichtigeren unter ihnen mit der Zeit angesammelt haben. Die Vorratshaltung von Lebensmitteln kann also technisch machbar sein und sich dennoch als wirtschaftlich unerwünscht und sozial unerreichbar erweisen.

Wenn also die Vorratshaltung bei den Jägern und Sammlern begrenzt bleibt, wird ihre auf den

Erfahrungen aus normalen, sämtliche Bedürfnisse befriedigenden Zeiten stammende wirtschaftliche Zuversicht zu einem Dauerzustand, der sie lachend durch Zeiten trägt, die selbst die Seele eines Jesuiten auf die Probe stellen und ihn so sehr beunruhigen, dass er – wie seine indigenen Gastgeber ihn warnten – krank davon werden könnte:

> Ich habe die Heiterkeit gesehen, mit der sie Not und Mühsal erdulden. […] Ich sah mich mit ihnen gemeinsam von großem Leid bedroht; sie sagten zu mir: »Wir werden ab und zu wegen des Nahrungsmangels zwei, manchmal auch drei Tage nichts zu essen haben, fasse Mut, *Chihiné*, lass deine Seele stark sein, damit sie Leid und Entbehrung ertragen kann; hüte dich davor, traurig zu sein, sonst wirst du krank; sieh uns an, wie wir nicht aufhören zu lachen, obwohl wir wenig zu essen haben.«[112]

Jäger:innen und Sammler neu denken

> Ständig unter dem Druck des Mangels stehend und doch durch Wanderungen leicht in der Lage, ihre Bedürfnisse zu befriedigen, fehlt es ihrem Leben weder an Aufregung noch an Vergnügen.[113]

Es liegt auf der Hand, dass die Wirtschaftsweise der Jäger und Sammler:innen neu bewertet werden muss, und zwar sowohl im Hinblick auf ihre Vorteile als auch im Hinblick auf ihre tatsächlichen Grenzen. Der methodische Fehler der etablierten Wissenschaft bestand darin, von den materiellen Umständen auf die wirtschaftliche Struktur zu schließen und aus der absoluten Armut die absolute Härte eines solchen Lebens abzuleiten. Aber noch jedes kulturelle Konstrukt sorgt, was seine Beziehung zur Natur angeht, für eine gewisse Dialektik. Ohne den ökologischen Grenzen entkommen zu können, übt sich Kultur in deren Negation, sodass sie den Abdruck der natürlichen Bedingungen genauso in sich trägt wie die Originalität einer sozialen Antwort auf diese Bedingungen – in aller Kargheit und aller Fülle.

Was sind nun aber, im Blick auf die *Praxis* des Jagens und Sammelns, die objektiven Schwierigkeiten? Falls unsere bisherigen Beispiele überhaupt aussagekräftig waren: jedenfalls nicht die »geringe Produktivität der Arbeit«. Wirtschaftlich tatsächlich problematisch ist dagegen der stets drohende Rückgang der Erträge. Ausgehend von der Subsistenzwirtschaft und von dort aus auf alle Bereiche übergreifend scheint ein anfänglicher Erfolg nur die Wahrscheinlichkeit zu erhöhen, dass weitere Anstrengungen einen geringeren Nutzen bringen. Das beschreibt die typische Kurve der Nahrungsmittelbeschaffung im Umkreis eines bestimmten Ortes. Selbst eine bescheidene Anzahl von Menschen reduziert in der Regel sehr bald die Nahrungsressourcen, die in bequemer Reichweite eines Lagers zu finden sind. *Nach* diesem Zeitpunkt an Ort und Stelle zu bleiben, würde bedeuten, einen Anstieg der realen Kosten oder einen Rückgang der realen Erträge in Kauf zu nehmen: Anstieg der Kosten, wenn die Menschen sich dafür entscheiden, auf der Suche nach Nahrung immer größere Entfernungen zu akzeptieren, Rückgang der Erträge, wenn sie in unmittelbarer Nähe des Lagers bleiben und sich mit einer immer kürzer reichenden Ausbeute beziehungsweise mit schlechteren Nahrungsmitteln zufriedengeben. Die Lösung besteht natürlich darin, den Ort zu wechseln. Das ist also die erste und entscheidende Voraussetzung des Jagens und Sammelns: Wenn diese Produktionsweise zu günstigen Bedingungen aufrechterhalten werden soll, muss die Beweglichkeit gewährleistet sein.

Aber diese Wanderungen, die je nach Umständen mehr oder weniger regelmäßig und mehr oder weniger raumgreifend sind, übertragen das Problem der abnehmenden Erträge, auf das sie reagieren, lediglich auf andere Produktionsbereiche. Die Herstellung von Werkzeug, Kleidung, Gebrauchsgegenständen und Schmuck, wie unkompliziert sie auch sein mag, wird sinnlos, wenn diese Dinge zur Last werden, statt den Komfort zu erhöhen. Ihre Nützlichkeit relativiert sich an ihrer Tragbarkeit. Auch der Bau von großen Häusern wird unsinnig, wenn sie schon bald wieder verlassen werden müssen. Daher die sehr asketischen Vorstellungen der Jäger und Sammler:innen von materiellem Wohlergehen: ein Interesse an einer nur minimalen Ausrüstung, wenn überhaupt; die Bevorzugung kleinerer Dinge gegenüber größeren; ein Desinteresse am Erwerb von Gebrauchsgegenständen, die schon vorhanden sind, und dergleichen. Der ökologische Druck wird auf seltene Weise konkret, wenn es darum geht, ihn zu schultern. Wenn das Bruttoprodukt sinkt, hat das bei den Jäger:innen und Sammlern – anders als in anderen Volkswirtschaften – nicht mit ihrer Produktivität, sondern mit ihrer Mobilität zu tun.

Ähnlich verhält es sich mit den demografischen Auflagen des Jäger- und Sammlerdaseins. Die erwähnte Politik des Loswerdens wird auch auf der Ebene der Menschen betrieben und lässt sich mit ähnlichen Begriffen beschreiben und auf ähnliche Ursachen zurückführen. Nüchtern betrachtet lautet das entsprechende Vokabular (abnehmende Erträge bei schlechter Tragbarkeit, auf das nötigste reduzierte minimale Ausrüstung, Loswerden von Doppeltem und so weiter) konkret also: Kindsmord, Senilizid, sexuelle Enthaltsamkeit für die Dauer der Stillzeit und so weiter –

Praktiken, die aus zahlreichen unterschiedlichen Jäger-und-Sammler-Gemeinschaften bekannt sind. Die Vermutung, dass solche Maßnahmen auf die Unmöglichkeit zurückzuführen sind, als Gemeinschaft eine größere Zahl von Menschen zu tragen, ist wahrscheinlich zutreffend – wenn »tragen« tatsächlich im Sinne von »mit sich tragen« verstanden wird und nicht von »ernähren«. Die aussortierten Menschen sind, wie die Jäger und Sammler:innen selbst manchmal traurig berichten, genau diejenigen, die nicht mehr in der Lage sind, sich halbwegs effektiv selbst zu transportieren, wodurch sie die Beweglichkeit der Familie und des Lagers insgesamt behindern. Vielleicht sind diese Gemeinschaften also tatsächlich gezwungen, mit Menschen genauso umzugehen wie mit Dingen: die drakonische Bevölkerungspolitik wäre dann Ausdruck derselben ökologischen Voraussetzungen wie die asketische Wirtschaftsweise. Darüber hinaus sind aber die erwähnten Maßnahmen zur Bevölkerungsbeschränkung nur Teil einer umfassenderen Politik, die darauf abzielt, mit den stets abnehmenden Erträgen dieser Subsistenzwirtschaft umzugehen. Eine lokale Gruppe wird (unter sonst gleichen Bedingungen) desto anfälliger für die Folgen abnehmender Erträge – erhöhte Bewegungsgeschwindigkeit beziehungsweise Spaltung –, je größer sie ist. Insofern die Menschen die Vorteile der Produktion vor Ort beibehalten und eine gewisse physische und soziale Stabilität aufrechterhalten wollen, sind ihre malthusianischen Praktiken also auf grausame Weise konsequent. Auch moderne Jäger:innen und Sammler, die in deutlich schlechteren Umgebungen zurechtkommen müssen, verbringen einen Großteil des Jahres in sehr kleinen, weit voneinander entfernt lebenden Gruppen. Doch dieses demografische Muster ist nicht so sehr ein Zeichen für Unterproduktion oder Armut, sondern der Preis für ein gutes Leben.

Alle Vorteile des Jagens und Sammelns erwachsen aus dessen Nachteilen: Das regelmäßige Weiterwandern und die Beschränkung von Reichtum und Bevölkerungszahl sind sowohl Imperative der ökonomischen Praxis als auch kreative Anpassungen – also die Art von Not, aus der eine Tugend gemacht wird. Gerade durch diesen Rahmen wird Wohlstand möglich. Beweglichkeit und Bescheidenheit sorgen dafür, dass die Zwecke der Jäger und Sammler:innen mit ihren technischen Mitteln erreichbar sind. In diesem Sinn kann sich eine unentwickelte Produktionsweise als hoch effektiv erweisen. Das Leben der Jäger und Sammler ist bei Weitem nicht so schwierig, wie man von außen glauben könnte. Zwar spiegelt die Ökonomie in gewisser Weise die harten ökologischen Bedingungen wider, aber zugleich ist sie auch deren komplettes Gegenteil.

Berichte der heutigen Ethnologie über Jäger:innen und Sammler:innen (insbesondere über solche, die in kargen und randständigen Gebieten leben) legen nahe, dass ein erwachsener Arbeiter durchschnittlich drei bis fünf Stunden pro Tag mit der Nahrungsmittelproduktion beschäftigt ist. Jäger und Sammler haben also eher die Arbeitszeiten von Bankiers, arbeiten also deutlich weniger als moderne (gewerkschaftlich organisierte) Industriearbeiter, die sich mit einer 21-bis-35-Stunden-Woche mehr als zufrieden geben würden. Ein interessanter Vergleich ergibt sich auch aus neueren Studien über die Arbeitszeiten von Ackerbauern der Jungsteinzeit. Ein heutiger durchschnittlicher erwachsener Hanunoo, egal, ob männlich oder weiblich, verbringt beispielsweise 1200 Stunden pro Jahr mit der Kultivierung von Schlammfeldern,[114] was einem Durchschnitt von drei Stunden und zwanzig Minuten pro Tag entspricht. In diesem Wert sind jedoch die unmittelbareren Tätigkeiten – zum Beispiel Nahrungsammeln, Viehzucht und Kochen –, die diese philippinischen Stammesangehörigen zur Bestreitung ihres Lebensunterhalts verrichten, nicht enthalten. Vergleichbare Zahlen finden sich zunehmend auch in anderen Berichten über »primitive« Ackerbauern aus aller Welt. Wenn man es negativ formuliert, wird daraus eine vorsichtige Schlussfolgerung möglich: Jäger und Sammler:innen müssen zur Nahrungsbeschaffung nicht länger arbeiten als »primitive« Ackerbauern. Wenn man von der Ethnografie auf die Vorgeschichte schließt, kann man für das Neolithikum das wiederholen, was John Stuart Mill über arbeitssparende Geräte gesagt hat, dass nämlich noch nie eines erfunden wurde, das irgendjemandem auch nur eine Minute Arbeit erspart hätte. Die Jungsteinzeit war, was den Zeitaufwand pro Kopf für die Produktion des Lebensunterhalts anging, keine Verbesserung gegenüber der Altsteinzeit, und wahrscheinlich mussten die Menschen mit der Entstehung der Landwirtschaft härter arbeiten als je zuvor.

Auch an der Behauptung, dass Jäger:innen und Sammler wegen ihres Kampfes um das pure Überleben so gut wie keine Freizeit haben, ist wenig Wahres; trotzdem werden mit dieser These üblicherweise die evolutionären Unzulänglichkeiten des Paläolithikums umrissen, um daraufhin dem Neolithikum herzlich zu der Ermöglichung von Freizeit zu gratulieren. Wahr werden diese etablierten Überzeugungen jedoch erst, wenn man sie umdreht. Der Arbeitsaufwand (pro Kopf) nimmt mit der Entwicklung der Kultur zu, während die freie Zeit weniger wird. Jäger und Sammler verrichten ihre Subsistenzarbeit typischerweise mit Unterbrechungen: Arbeitstage und freie Tage wechseln sich ab. Auch heutige Jäger:innen und Sammler:innen neigen dazu, ihre freie Zeit zum

Beispiel damit zu verbringen, dass sie tagsüber viel schlafen. In den tropischen Lebensräumen, in denen viele dieser Jäger und Sammler:innen leben, bringt das Sammeln von Pflanzen verlässlichere Ergebnisse als die Jagd, was dazu führt, dass die Frauen, die die Verantwortung für das Sammeln tragen, regelmäßiger arbeiten als die Männer, und dadurch für einen größeren Teil der Nahrungsversorgung zuständig sind. Die Arbeit der Männer ist somit häufiger abgeschlossen, wobei sie wahrscheinlich sehr viel unregelmäßiger anfällt und insgesamt weniger vorhersehbar ist; *wenn* es den Männern an Muße fehlt, dann eher im aufklärerischen als im wörtlichen Sinne. Als Condorcet die mangelnde Entwicklungsfähigkeit des Jägers und Sammlers darauf zurückführte, dass ihm »die Muße fehlt, sich dem Denken hinzugeben und seinen Verstand durch neue Kombinationen von Ideen zu bereichern«, erkannte er auch, dass seine Wirtschaftsweise »ein notwendiger Kreislauf von extremer Aktivität und totalem Müßiggang« ist. Was also dem Jäger und Sammler ganz offensichtlich fehlte, war die *garantierte* Muße eines aristokratischen Philosophen.

Trotz der Entbehrungen, denen sie sich zuweilen ausgesetzt sehen, blicken Jäger und Sammler:innen stets voller Zuversicht auf ihre ökonomische Lage. Es mag sein, dass sie gerade deshalb manchmal in Schwierigkeiten geraten. Vielleicht leistet ihre vertrauensvolle Haltung der Verschwendungssucht Vorschub, sodass ihr jeweiliges Lager Gefahr läuft, dem ersten ungünstigen Zwischenfall sofort zum Opfer zu fallen. Wenn ich also behaupte, dass wir es hier mit einer Wirtschaftsweise des Wohlstands zu tun haben, so will ich damit nicht leugnen, dass es für Einzelne schwierige Momente geben kann. Während einige es »beinahe unvorstellbar« finden, dass irgendjemand verhungern oder auch nur länger als ein bis zwei Tage nicht satt werden könnte,[115] sind andere, vor allem kleinere Gruppen, die sich weit ab von allem anderen in sehr rauen Gegenden aufhalten, durchaus von Zeit zu Zeit Situationen ausgesetzt, die das Weiterwandern oder Jagen verhindern. Dann leiden sie darunter – wenn auch wahrscheinlich nicht sehr, denn der Mangel betrifft eher einzelne Familien, die in ihrer Bewegungsfreiheit eingeschränkt sind, als die Gesellschaft als Ganze.[116]

Doch selbst wenn man diese Vulnerabilität anerkennt und unter den zeitgenössischen Jägern und Sammlern die am schlechtesten Gestellten zum Vergleich heranzieht, wäre es schwierig zu beweisen, dass Jäger und Sammler:innen notorisch mit Mangelsituationen umgehen mussten. Nahrungsmittelknappheit ist ein Merkmal vieler Produktionsweisen – *dieser* jedoch nicht; Knappheit kennzeichnet Jäger:innen und Sammler weder als Klasse noch als Evolutionsstufe. Entsprechend fragt Lowie:

> Aber was ist mit den Hirten im kargen Tiefland, deren Lebensunterhalt immer wieder durch Landplagen in Gefahr gebracht wird – und die dann, wie bestimmte Gruppen im Lappland des 19. Jahrhunderts, gezwungen sind, auf den Fischfang zurückzugreifen? Was ist mit den indigenen Bauern, die völlig umsonst den Boden roden und beackern, eine Parzelle erschöpfen und zur nächsten weiterziehen und bei jeder Dürre von Hungersnot bedroht sind? Haben sie das Unglück, das durch die natürlichen Gegebenheiten verursacht wird, etwa besser im Griff als der Jäger und Sammler?[117]

Und vor allem: Wie sieht es heute in der Welt aus? Ein Drittel bis die Hälfte der Menschheit geht jede Nacht hungrig ins Bett, heißt es. In der Altsteinzeit muss dieser Anteil wesentlich kleiner gewesen sein. *Unsere* Zeit ist die von beispiellosem Hunger. *Heute*, wo die technischen Möglichkeiten am größten sind, ist der Hunger zur Institution geworden. Eine weitere altehrwürdige Formel muss umgekehrt werden: Der Hunger wächst relativ und absolut mit der Entwicklung der Kultur.

Dieses Paradoxon ist alles, worum es mir geht. Zwar haben Jäger:innen und Sammler:innen aufgrund ihrer Lebensumstände einen objektiv niedrigen Lebensstandard, aber als objektives *Ziel* und angesichts angemessener Produktionsmittel sind alle ihre materiellen Bedürfnisse in der Regel leicht zu befriedigen. Die Entwicklung der Ökonomie kennt also zwei einander widersprechende Tendenzen: Bereicherung bei gleichzeitiger Verarmung, Aneignung mit Blick auf die Natur, Enteignung im Hinblick auf den Menschen. Selbstverständlich findet auf dem Gebiet der Technologie ein Fortschritt statt. Er wird aus vielen Gründen gefeiert: weil lebenswichtige Güter und Dienstleistungen sich vervielfacht haben, weil die Energie, die in den Dienst der Kultur gestellt wird, immens zugenommen hat, weil die Produktivität gesteigert wurde und die Arbeitsteilung genauso wuchs wie die Unabhängigkeit von den Einflüssen der natürlichen Umwelt. Der letztgenannte Punkt ist in gewisser Weise besonders geeignet, um die frühesten Stadien des technischen Fortschritts zu verstehen. Die Landwirtschaft sorgte dafür, dass »Gesellschaft« mehr wurde als eine Institution zur Verteilung der natürlichen Nahrungsvorkommen. Sie ermöglichte es den neolithischen Gemeinschaften, ein hohes Maß an sozialer Ordnung aufrechtzuerhalten, obwohl die Erfordernisse der menschlichen Existenz in der natürlichen Ordnung manchmal keinen Platz hatten. Zu bestimmten Jahreszeiten konnte so viel geerntet werden, dass die Menschen auch dann zu essen hatten, wenn überhaupt nichts Essbares wuchs; die daraus resultierende Stabilität des sozialen Lebens war wiederum die entscheidende Voraussetzung für die Vergrößerung der materiellen Basis. Die Kultur eilte in einer Art fortschrittlichem Verstoß gegen das Minimumgesetz der Biologie von Sieg zu Sieg, bis sie schließlich bewiesen hatte, dass sie sogar im Weltraum Menschen am Leben erhalten konnte – dort, wo von Natur aus selbst Schwerkraft und Sauerstoff fehlen.

Zur gleichen Zeit aber starben andere Menschen auf den Marktplätzen Asiens an Hunger. Entwickelt haben sich nicht nur die Technologien, sondern auch die Strukturen, und in dieser Hinsicht ist es wie mit der mythischen Straße, auf der der Reisende mit jedem Schritt, den er vorankommt, zwei Schritte zurückmacht. Die Strukturen waren sowohl politischer als auch ökonomischer Natur, es ging sowohl um Macht als auch um Eigentum. Sie entwickelten sich zunächst innerhalb von Gesellschaften, dann zunehmend auch zwischen Gesellschaften. Ganz ohne Zweifel waren diese Strukturen für die technische Entwicklung funktional und notwendig, doch innerhalb der Gemeinschaften, zu deren Reichtum sie beigetragen haben, sorgten sie für Unterschiede bei der Verteilung des Reichtums und für eine Ausdifferenzierung der Lebensstile. Die »primitiven« Menschen dieser Welt haben nur wenige Besitztümer, *aber sie sind nicht arm*. Armut ist nicht eine bestimmte geringe Menge an Gütern und auch nicht nur ein bestimmtes Verhältnis zwischen Mitteln und Zwecken; sie ist vor allem ein Verhältnis zwischen Menschen. Armut ist ein sozialer Status, und als solcher ist sie eine Erfindung der Zivilisation. Sie hat sich mit der Zivilisation entwickelt, nicht nur als ungute Unterscheidung zwischen den Klassen, sondern auch – was noch viel wichtiger ist – als ein Abhängigkeitsverhältnis, das jeden Bauern verletzlicher gegenüber Naturkatastrophen macht als sämtliche Yupik in ihren Winterlagern in Alaska zusammen.

Die gesamte bisherige Erörterung nimmt sich die Freiheit, moderne Jäger und Sammler:innen historisch zu betrachten, zum Zweck des evolutionären Vergleichs. Diese Freiheit sollte nicht leichtfertig gewährt werden. Repräsentieren Jäger:innen und Sammler:innen, die so fernab leben, wie die San in der Kalahari, das Paläolithikum besser als die Native Americans aus Kalifornien oder von der Nordwestküste? Wir wissen es nicht. Vielleicht sind die San noch nicht einmal repräsentativ für sehr zurückgezogen lebende Menschen der Urzeit. Die große Mehrheit der überlebenden Jäger und Sammler führt im Vergleich zu den wenigen anderen ein seltsam unbekümmertes und extrem faules Leben. Die wenigen anderen sind dafür wirklich vollkommen anders. Zum Beispiel die Yolngu: »Der erste Eindruck, den ein Fremder von einer funktionierenden Gruppe im östlichen Arnhemland erhält, ist der von großer Emsigkeit [...] Wahrhaft beeindruckend ist die Tatsache, dass sich abgesehen von den ganz kleinen Kindern [...] niemand dem Müßiggang hingibt«.[118] Dabei fehlen jedoch jegliche Hinweise darauf, dass es für diese Menschen in irgendeiner Weise schwieriger ist, für ihren Lebensunterhalt zu sorgen, als für andere Jäger und Sammler:innen.[119] Die Motivation für ihren ungewöhnlichen Fleiß liegt anderswo, nämlich in ihren »aufwendigen und anspruchsvollen Zeremonien«, insbesondere in dem ausgeklügelten rituellen Tauschzyklus, der ihrem Handwerk und ihrem Handel besonderes Prestige verleiht.[120] Die meisten anderen Jäger:innen und Sammler haben diesen Ehrgeiz nicht. Ihr Dasein ist vergleichsweise farblos, einzig und allein darauf ausgerichtet, mit Genuss zu essen und in Ruhe zu verdauen. Ihre kulturelle Haltung ist weder dionysisch noch apollinisch, sondern »gastrisch«, wie Julian Steward über die Shoshoni sagte. Vielleicht ist sie aber doch dionysisch, will sagen bacchantisch: »Das Essen bei den Wilden ist wie das Trinken bei den Trunkenbolden in Europa. Jene trockenen und ewig durstigen Seelen würden ihr Leben am liebsten in einem Bottich mit süßem, dunklem Madeirawein beenden – die Wilden dagegen in einem Topf voller Fleisch: Die dort drüben reden nur vom Trinken, die Hiesigen nur vom Essen«.[121]

Es ist, als ob der Überbau dieser Gesellschaften abgetragen worden wäre und nur der nackte Fels der Subsistenz übriggeblieben wäre, und da die Nahrungsbeschaffung selbst so leicht zu bewerkstelligen ist, haben die Menschen viel Zeit, herumzuhocken und über das Essen zu plaudern. Erwähnt werden muss nun aber, dass die Ethnografie der Jäger und Sammler:innen wahrscheinlich in großen Teilen eine Aufzeichnung unvollständiger Kulturen ist. Fragile rituelle Kreisläufe und Tauschzyklen könnten in der Frühphase des Kolonialismus spurlos verloren gegangen sein, als die Beziehungen jener Gruppen, zwischen denen diese Rituale vermittelten, zerstört oder durcheinandergebracht wurden. Wenn dies der Fall ist, muss die »ursprüngliche« Wohlstandsgesellschaft noch einmal auf ihre Ursprünglichkeit hin überdacht werden – und die evolutionären Schemata bedürfen dringend einer erneuten Überarbeitung. Ein Rest Geschichte lässt sich jedoch allemal aus der Beobachtung heutiger Jäger und Sammler:innen ziehen: Das »ökonomische Problem« kann mit den Technologien der Altsteinzeit locker gelöst werden. Umgekehrt errichtete die Kultur erst auf dem Höhepunkt ihrer materiellen Errungenschaften einen Schrein für das Unerreichbare: *unendliche Bedürfnisse.*

Anmerkung der Übersetzerin

von Heide Lutosch

Marshall Sahlins' Text *Die ursprüngliche Wohlstandsgesellschaft* gehört heute in vielen anthropologischen und ethnologischen Studiengängen zur Einführungslektüre. Das liegt nicht nur an seiner provokanten und einflussreichen These, sondern auch daran, dass er gut geschrieben und vor allem: gut gealtert ist. Seine politischen Implikationen sind heute ebenso relevant wie damals, und seine behutsame Sprache zeugt von einem für die 1960er-Jahre ungewöhnlichen Respekt gegenüber den Menschen, von denen er handelt. Das heißt nicht, dass Sahlins nicht Worte und Konzepte benutzt, die heute vermieden werden: Für Geschlechterfragen hat er wenig Gespür und wenn er über *primitive* Gruppen, über *bushmen*, *savages*, *explorers*, *indians* und *eskimos* schreibt, benutzt er Wörter, die heute Unbehagen hervorrufen.

Die vorliegende Übersetzung versucht mit solchen diskriminierenden, pauschalisierenden, geschichtsvergessenen oder abwertenden Begriffen auf unterschiedliche Weise umzugehen. So lautet der englische Ausdruck »primitive«, der bei Sahlins der Gegenbegriff zu einer von ihm skeptisch gesehenen Zivilisation und entsprechend positiv konnotiert ist, auch im Deutschen »primitiv«, wird aber durchgängig in distanzierende Anführungsstriche gesetzt. Die Namen einzelner indigener Gemeinschaften, die zum Teil noch aus der arroganten Ethnologie des 19. Jahrhunderts stammen, werden durchgängig durch die modernen Selbstbezeichnungen ersetzt, andere, wie das pauschalisierende Wort »Indianer«, wo immer möglich, ganz vermieden. Und da auch die Steinzeitökonomie keine reine Männerveranstaltung war, ist im deutschen Text durchgängig, aber in verschiedenen Kombinationen, von Jäger:innen und Sammler:innen die Rede.

Die Sicherheit, dass derartige übersetzerische Entscheidungen nicht *gegen* Sahlins getroffen wurden, sondern *mit* ihm, erwuchs zum Beispiel daraus, dass der Autor in *Stone Age Economics* nur ein einziges Mal das damals noch gebräuchliche N-Wort benutzt – jedoch nicht ohne es sofort in distanzierende Anführungsstriche zu setzen. Wichtiger noch als solche Einzelbeispiele sind die grundsätzliche Behutsamkeit und das große Gespür für Sprache und ihre Wirkung, die den Text insgesamt durchziehen. Sahlins verwendet große Mühe und sprachliche Präzision darauf, die von ihm beschriebenen Gesellschaften als ernstzunehmende, kluge und kulturell ausgefeilte Lebensweisen zu beschreiben und anzuerkennen, die der »hohen Zivilisation« auf Augenhöhe begegnen können.

Weil der Text trotz allem spürbar über 50 Jahre alt ist, entsteht manchmal das Gefühl, dass Sahlins mit den falschen Worten das Richtige sagt. Dieses Richtige versucht die vorliegende Übersetzung zu betonen.

Anmerkungen

1 George Orwell, »Can Socialists be Happy?«, in: ders., *Essays,* hg. v. John Carey, New York u. a. 2002, S. 503–510.

2 Marshall Sahlins, *What the Foucault*?, Chicago 2018.

3 David Graeber, David Wengrow, »How to change the course of human history (at least, the part that's already happened)«, in: *Eurozine*, 02.03.2018, {*https://www.eurozine.com/change-course-human-history/*}, letzter Aufruf 21.05.2024 (Übers. A. G.).

4 David Kaplan, »The Darker Side of the Original Affluent Society«, in: *Journal of Anthropological Research* 56 (2000), S. 301–324.

5 Nurit Bird-David, »Beyond ›The Original Affluent Society‹: A Culturalist Reformulation (and Comments and Reply)«, in: *Current Anthropology*, 1 (1992), S. 25–47.

6 Ebd. – Siehe auch insbesondere den Kommentar von Tim Ingold zu Nurit Bird-Davids Aufsatz.

7 David Graeber, *Bullshit Jobs. Vom wahren Sinn der Arbeit*, Stuttgart [6]2023.

8 Jared Diamond, »The Worst Mistake in the History of the Human Race«, in: *Discover*, 01.05.1999, {https://www.discovermagazine.com/planet-earth/the-worst-mistake-in-the-history-of-the-human-race}, letzter Aufruf 21.05.2024.

9 Wobei das ein Durchschnittswert ist, der insbesondere durch die hohe Kindersterblichkeit in nomadischen wie in sesshaften Gruppen nach unten gezogen wurde. Wer die ersten Lebensjahre überstand, hatte gute Chancen, ein weit über diesem Durchschnitt liegendes Alter zu erreichen.

10 Alle diese Daten wurden verschiedenen Aufsätzen dieses Bandes entnommen: Mark Nathan Cohen, George J. Armelagos, *Paleopathology at the Origins of Agriculture,* Orlando, Fl., 1984. Die Zusammenfassung der Ergebnisse durch die Herausgeber gibt einen guten Überblick über das Argument: S. 585–602. – Untersuchungen, die die schädlichen Auswirkungen der Neolithischen Revolution auf das Leben der Menschen beschreiben, gibt es inzwischen in fast unüberblickbarer Zahl. Siehe z. B. auch: Abigail E. Page u. a., »Reproductive trade-offs in extant hunter-gatherers suggest adaptive mechanism for the Neolithic expansion«, in: *Proceedings of the National Academy of Sciences of the USA*, 17 (2016), S. 4694–4699. Oder für eine sehr differenzierte und behutsame Untersuchung der Auswirkungen der Neolithischen Revolution: Marion Benz, *Die Neolithisierung des Vorderen Orient. Theorien, archäologische Daten und ein ethnologisches Modell,* Berlin 2000.

11 James C. Scott, *Against the Grain. A Deep History of the Earliest States.* New Haven, London

2017, S. 83. – Ob mit der Neolithischen Revolution auch das Patriarchat erfunden wurde, ist umstritten. Mit großer Wahrscheinlichkeit hatten auch die voragrarischen Gemeinschaften eine gegenderte Arbeitsteilung, die sich in einer patriarchalen Gesellschaftsform niedergeschlagen hat. Der Mensch ist das einzige Säugetier, das eine solche Arbeitsteilung aufweist, und eine solche Teilung der gesellschaftlichen Tätigkeiten entlang der Chromosomenvergabe droht in jeder noch so egalitären Zivilisation, in patriarchale Formen zu kippen. Das Patriarchat wurde also mit hoher Wahrscheinlichkeit nicht erst mit dem Getreideanbau erfunden, aber es hat sich, so wie alle anderen Machtformen auch, in dieser Zeit deutlich verschärft. Zur präneolithischen gesellschaftlichen Arbeitsteilung siehe: André Leroi-Gourhan, *Hand und Wort. Die Evolution von Technik, Sprache und Kunst,* Frankfurt a. M. 1988, S. 195 f.

12 Alison A. Macintosh, Ron Pinhasi, Jay T. Stock, »Prehistoric women's manual labor exceeded that of athletes through the first 5500 years of farming in Central Europe«, in: *Science Advances* 11 (2017), DOI: 10.1126/sciadv.aao3893, letzter Aufruf 21.05.2024.

13 Siehe dazu: Angela Saini, *The Patriarchs. How Men Came to Rule,* London 2023.

14 Scott, *Against the Grain,* S. 18 (i. O. kursiv).

15 Siehe S. 94 im hierauf folgenden Text.

16 Colin Turnbull, *The Forest People,* London 2015 (1961), S. 3. (Übers. A.G.)

17 Florian Mühlfried, *Unherrschaft und Gegenherrschaft*, Berlin 2022, S. 9.

18 Jack Kerouac, *Gammler, Zen und Hohe Berge,* Reinbek bei Hamburg 1971, S. 75.

19 Marshall Sahlins, »La première société d'abondance«, in: *Les temps modernes* 268 (Oktober 1968), S. 641–680.

20 Pierre Clastres, *Staatsfeinde. Studien zur politischen Anthropologie*, Konstanz [2]2024.

21 André Leroi-Gourhan, *Hand und Wort. Die Evolution von Technik, Sprache und Kunst,* Frankfurt a. M. 1988, S. 236.

22 Donella Meadows, Dennis Meadows, Jørgen Randers u. a., *Die Grenzen des Wachstums. Bericht des Club of Rome zur Lage der Menschheit*, Stuttgart 1972. – Die Studie wurde am MIT in Massachusetts verfasst und von der Volkswagen-Stiftung finanziert.

23 Siehe dazu: James Suzman, *Affluence without abundance. What we can learn from the world's most successful civilization*, London u. a. 2019.

24 Tacitus, *Germania,* Stuttgart 1965, S. 42.

25 Karl Marx, *Das Kapital,* in: MEW, Bd. 23, Berlin 1993, S. 677.

26 Melville J. Herskovits, *Economic Anthropology*, New York 1958, S. 68 f.

27 Julian H. Steward, Louis C. Faron, *Native Peoples of South America*, New York 1959, S. 60; siehe

auch: Graham Clark, *From Savagery to Civilization*, New York 1953, S. 27 f.; Emil W. Haury, »The Greater American Southwest«, in: J. Braidwood, G. R. Willey (Hg.), *Courses toward Urban Life*, Chicago 1962, S. 113; Adamson E. Hoebel, *Man in the Primitive World*, New York [2]1958, S. 88; Robert Redfield, *The Primitive World and its Transformations*, Ithaca, N. Y., 1953, S. 5; Leslie A. White, *The Evolution of Culture*, New York 1959.

28 Zumindest aber bis zu der Zeit, in der Lukrez schrieb, siehe: Marvin Harris, *The Rise of Anthropological Theory*, New York 1968, S. 26 f.

29 Siehe dazu Karl Polanyi, »Our Obsolete Market Mentality«, in: *Commentary 3*, New York 1947, S. 109–117; Karl Polanyi, »The Economy as Instituted Process«, in: Karl Polanyi u. a. (Hg.), *Trade and Market in the Early Empires*, Glencoe 1957; Karl Polanyi, »Anthropology and Economic Theory«, in: M. Fried (Hg.), *Readings in Anthropology*, Bd. 2, New York 1959, S. 215–238; George Dalton, »Economic Theory and Primitive Society«, in: *American Anthropologist* 63 (1961), S. 1–25.

30 Zu den spezifischen historischen Voraussetzungen dieser Kalkulation siehe Helen Codere, »Money-Exchange Systems and a Theory of Money«, in: *Man* 3 (1968), S. 557–577, insbesondere S. 574 f.

31 Zur Festschreibung von »Knappheit« in den Bedingungen der kapitalistischen Produktion

siehe André Gorz, *Der schwierige Sozialismus*, Frankfurt a. M. 1967, S. 48 f.

32 Erwähnenswert ist, dass die zeitgenössische europäisch-marxistische Theorie beim Thema der Armut der »Primitiven« häufig mit der bürgerlichen Ökonomie einer Meinung ist. Siehe Nikolaj Ivanovic Bucharin, *Theorie des historischen Materialismus*, Hamburg 1922; Ernest Mandel, *Marxistische Wirtschaftstheorie*, Bd. 1, Frankfurt a. M. 1972; sowie das an der Lumumba-Universität verwendete Handbuch zur Wirtschaftsgeschichte.

33 Elman R. Service hat sich lange Zeit als beinahe einziger unter den Ethnologen gegen die traditionelle Auffassung von der Armut der Jäger und Sammler gestellt. Die vorliegende Arbeit verdankt seinen Ausführungen über die Muße bei den Arunta (*Profiles in Ethnology*, New York 1963, S. 9) sowie persönlichen Gesprächen mit ihm große Inspiration.

34 Robert H. Lowie, *An Introduction to Cultural Anthropology*, New York ^{2}1946, S. 13.

35 Robert J. Braidwood, *Prehistoric Men*, Chicago 1957, S. 122.

36 Robert J. Braidwood, *The Near East and the Foundations for Civilization*, Eugene 1952, S. 5; siehe auch Franz Boas, *Race, Language and Culture*, New York 1940, S. 285.

37 Leslie White, *The Science of Culture*, New York 1949, S. 372.

38 White, *The Science of Culture*, S. 369.

39 Der offensichtliche Fehler von Whites Evolutionsgesetz ist die Verwendung von »Pro-Kopf«-Maßen. Neolithische Gesellschaften setzen im Wesentlichen *eine größere Gesamtenergiemenge* ein als voragrarische Gemeinschaften, weil die Domestizierung die Versorgung einer größeren Zahl von energieliefernden Menschen ermöglicht hat. Dieser Gesamtanstieg des Sozialprodukts ist jedoch nicht notwendigerweise auf eine erhöhte Arbeitsproduktivität zurückzuführen, die nach Whites Ansicht ebenfalls mit der Neolithischen Revolution einherging. Heute vorliegende ethnologische Daten (siehe oben), machen es denkbar, dass einfache landwirtschaftliche Systeme thermodynamisch nicht effizienter sind als Jagen und Sammeln, d. h. in Bezug auf den Energieertrag pro Einheit menschlicher Arbeit. Als Reaktion darauf neigt ein Teil der Archäologie in den letzten Jahren dazu, den neolithischen Fortschritt nicht mehr mit der Produktivität der Arbeit, sondern mit der Stabilität der Siedlung zu illustrieren. (Siehe: Robert J. Braidwood, Gordon R. Willey (Hg.), *Courses Toward Urban Life*, Chicago 1962.)

40 Herskovits, *Economic Anthropology*.

41 Sir George Grey, *Journals of Two Expeditions of Discovery in North-West and Western Australia, During the Years 1837, 38, and 39*, Bd. 2,

London 1841, S. 259–262 (Hvh. d. A.); siehe auch Edward John Eyre, *Journals of Expeditions of Discovery into Central Australia, and Overland from Adelaide to King George's Sound, in the Years 1840–1841*, Bd. 2, London 1845, S. 244 f. Ein ähnlicher Kommentar, der sich auf die Fehlinterpretation der Heilung durch Blutkonsum im östlichen Australien durch Missionare bezieht, siehe Clement Hodgkinson, *Australia, from Port Macquarie to Moreton Bay, with Descriptions of the Natives*, London 1845, S. 227.

42 Eyre, *Journals of Expeditions,* S. 250, 254 f.

43 Die Bedingungen der »primitiven« Jäger und Sammler dürfen nicht, wie Carl Sauer anmerkt, »nach den von ihnen übrig Gebliebenen beurteilt werden, die sich heute auf die kargsten Regionen der Erde beschränken müssen, zum Beispiel das Landesinnere von Australien das US-amerikanische Große Becken oder die arktische Tundra und Taiga. Die frühen Besiedlungsgebiete waren diesen Landstrichen gegenüber reich an Nahrung« (zitiert nach Colin Clark, Margaret Haswell, *The Economics of Subsistence Agriculture*, London 1964, S. 23).

44 Elman R. Service, *Primitive Social Organization*, New York 1962.

45 Alexander Henrys Bericht über sein üppiges Leben bei den Chippewa in Nordmichigan zu lesen, gleicht einem flüchtigen Blick durch die

Gitterstäbe des kulturellen Gefängnisses: Man bekommt einen Eindruck davon, wie das Jagen und Sammeln in einer annehmbaren Umgebung ausgesehen haben könnte, zu finden in: George I. Quimby, »A Year with a Chippewa Family, 1763–1764«, in: *Ethnohistory* 9 (1962), S. 217–239.

46 Richard B. Lee, Irven DeVore (Hg), *Man the Hunter*, Chicago 1968.

47 Alfred Marshall, *Principles of Economics*, London [8]1961, S. 243 f. (Hvh. d. A.).

48 Anm. d. Hg.: Im Original wird hier Mrs. Marshall angeführt. Wenn das kein Fehler bei Sahlins ist, was ich mir kaum vorstellen kann, dann ist es ein ziemlich scharfer Seitenhieb, weil Alfreds Marshalls Frau Mary Paley Marshall ebenfalls eine Ökonomin war – und ziemlich wichtig für die Bücher ihres Mannes. Alfred Marshall war aber sehr gegen Frauen in akademischen Berufen eingestellt, sodass es sein kann, dass Sahlins hier absichtlich dessen wichtigstes Buch seiner Frau zugeschlagen hat. Letzten Endes bleibt das spekulativ, aber es wäre eine weitere Spur für Marshall Sahlins' Sinn für Humor als Erkenntnisgrundlage.

49 Martin Gusinde, *Die Feuerland-Indianer*, Bd. 2: *Die Yamana,* Mödling bei Wien 1937, S. 511. Turnbull stellt in Bezug auf die Kongo-Pygmäen fest: »Die Materialien zur Herstellung von Unterkünften, Kleidung und allen anderen

notwendigen Gebrauchsgegenständen sind alle jederzeit verfügbar.« Und auch, was den Lebensunterhalt angeht, hat er nichts zu bemängeln: »Das ganze Jahr über gibt es zuverlässig ein reichhaltiges Angebot an Wild und pflanzlichen Nahrungsmitteln« (Colin Turnbull, *Wayward Servants*, Garden City, N. Y., 1965, S. 18).

50 Bestimmte Nahrungssammler, die heutzutage eigentlich nicht für ihre architektonischen Leistungen bekannt sind, scheinen größere Behausungen gebaut zu haben, bevor sie von den Europäern in die Flucht geschlagen wurden. Siehe R. Brough Smyth, *The Aborigines of Victoria*, Bd. 2, Melbourne 1871, S. 125–128.

51 Grey, *Journals*, Bd. 2, S. 266.

52 Gusinde, *Die Feuerland-Indianer*, Bd. 2, S. 5.

53 Ebd., S. 366.

54 Laurens Van der Post, *The Lost World of the Kalahari*, New York 1958, S. 276.

55 W. Lloyd Warner, *A Black Civilization*, New York 1964, S. 136 f.

56 Marshall, *Principles of Economics*, S. 86 f. – Dagegen schrieb Gusinde, wie wir uns erinnern: »Unsere Feuerländer verschaffen und erarbeiten sich ihre Gerätschaften mit einem geringen Müheaufwand« (Gusinde, *Die Feuerland-Indianer*, Bd. 2, S. 511).

57 Le Père Paul LeJeune, »Relation of What Occurred in New France in the Year 1634«, in: R. G.

Thwaites (Hg.), *The Jesuit Relations and Allied Documents*, Bd. 6., Cleveland 1897, S. 231.

58 Gusinde, *Die Feuerland-Indianer*, Bd. 2, S. 1.

59 Herskovits, *Economic Anthropology.*

60 Frederick D. McCarthy, Margaret McArthur, »The Food Quest and the Time Factor in Aboyriginal Economic Life«, in: C. P. Mountford (Hg.), *Records of the Australian-American Scientific Expedition to Arnhemland,* Bd. 2: *Anthropology and Nutrition*, Melbourne 1960.

61 Fish Creek war ein Binnenlager im westlichen Arnhemland, in dem sechs erwachsene Männer und drei erwachsene Frauen lebten. Hemple Bay war ein Küstenlager auf Groote Eylandt, in dem je vier erwachsene Männer und Frauen sowie fünf Jugendliche und Kleinkinder lebten. Fish Creek wurde am Ende der Trockenzeit untersucht, als das Angebot an pflanzlicher Nahrung gering war, die Kängurujagd sich aber lohnte, obwohl die Tiere durch das ständige Anschleichen zunehmend misstrauisch geworden waren. In der Hemple Bay gab es reichlich pflanzliche Nahrung; die Fischerei war unterschiedlich, aber im Vergleich zu anderen von der Expedition besuchten Küstencamps insgesamt gut. Insgesamt gab es in Hemple Bay mehr Ressourcen als in Fish Creek. Der höhere Zeitaufwand für die Nahrungsmittelbeschaffung in Hemple Bay könnte also auf den Unterhalt von fünf Kindern

zurückzuführen sein. Andererseits hatte die Gruppe in Fish Creek einen Spezialisten, der praktisch in Vollzeit arbeitete, und ein Teil des Unterschieds bei den Arbeitsstunden könnte auf die normalen Abweichungen zwischen Küste und Land zurückzuführen sein. Bei der Jagd im Landesinneren kommt das Glück oft in einem großen Schwung, sodass die Arbeit eines Tages den Lebensunterhalt für zwei Tage einbringen kann. Beim Fischen und Sammeln sind die Frträge vielleicht geringer, aber gleichmäßiger, und es muss etwas länger und regelmäßiger gearbeitet werden.

62 McCarthy, McArthur, »The Food Quest«.

63 Margaret McArthur, »Food Consumption and Dietary Levels of Groups of Aborigines Living on Naturally Occurring Foods«, in: C. P. Mountford (Hg.), *Records of the Australian-American Scientific Expedition to Arnhemland,* Bd. 2: *Anthropology and Nutrition*, Melbourne 1960, S. 92.

64 McCarthy, McArthur, »The Food Quest«, S. 150 f.

65 McArthur, »Food Consumption«, S. 92. Es gibt zumindest einige Indigene Australiens, wie die Yir-Yoront, die sprachlich nicht zwischen Arbeit und Spiel unterscheiden, vgl. Lauriston Sharp, »People without Politics«, in: V. F. Ray (Hg.), *Systems of Political Control and Bureaucracy in Human Societies*, Seattle 1958, S. 6.

66 Peter M. Worsley, »The Utilization of Food Resources by an Australian Aboriginal Tribe«, in:

Acta Ethnographica 10 (1961), S. 153–190, hier: S. 173.

67 McCarthy, McArthur, »The Food Quest«, S. 192.

68 Nach McArthur, »Food Consumption«.

69 McCarthy, McArthur, »The Food Quest«, S. 148.

70 Daten aus McCarthy, McArthur, »The Food Quest«.

71 Daten aus McCarthy, McArthur, »The Food Quest«.

72 McCarthy, McArthur, »The Food Quest«, S. 193.

73 Richard Lee, »What Hunters Do for a Living, or, How to Make Out on Scarce Resources«, in: Lee, DeVore (Hg.), *Man the Hunter*, Chicago 1968; Richard Lee, »!Kung Bushman Subsistence: An Input-Output Analysis«, in: A. Vayda (Hg.), *Environment and Cultural Behavior*, Garden City, N. Y., 1969.

74 Alle Zitate aus Lee, »!Kung Bushman Subsistence«, S. 59. Diese Wertschätzung der lokalen Ressourcen ist umso bemerkenswerter, als Lees ethnografische Arbeit im zweiten und dritten Jahr »einer der schwersten Dürreperioden in der Geschichte Südafrikas« stattfand. (Lee, »What Hunters Do for a Living«, S. 39; Lee, »!Kung Bushman Subsistence«, S. 73 n.)

75 Lee, »!Kung Bushman Subsistence«, S. 67.

76 Lee, »!Kung Bushman Subsistence«.

77 Lee, »!Kung Bushman Subsistence«, S. 74.

78 Lee, »What Hunters Do for a Living«, S. 37.

79 Lee, »!Kung Bushman Subsistence«, S. 73.

80 Baldwin Spencer, F. J. Gillen, *The Native Tribes of Central Australia*, London 1899, S. 50.

81 Edward Curr, *Recollections of Squatting in Victoria, then Called the Port Phillip District, from 1841–1851*, Melbourne 1965, S. 109.

82 Curr, *Recollections of Squatting*, S. 118.

83 Ebd., S. 120.

84 Clement Hodgkinson, *Australia*, S. 223; vgl. L. Hiatt, *Kinship and Conflict*, Canberra 1965, S. 103 f.

85 Hodgkinson, *Australia*, S. 227.

86 So auch die Tasmanier, von denen Bonwick schrieb: »Den Aborigines mangelte es nie an Nahrung, obwohl Mrs. Somerville es wagte, in ihrer ›Physical Geography‹ über sie zu sagen, dass sie ›wahrhaftig elend waren in einem Land, in dem die Mittel zum Leben so spärlich waren‹. Dr. Jeannent, einst Protector der Aborigines, schreibt: ›Sie müssen überreichlich versorgt gewesen sein und haben nur wenig Anstrengung oder Fleiß gebraucht, um sich selbst zu versorgen.‹« (James Bonwick, *Daily Life and Origin of the Tasmanians*, London 1870, S. 14.)

87 Spencer, Gillen, *The Native Tribes of Central Australia*, S. 7. Dies im Gegensatz zu anderen Stämmen, die tiefer in der zentralaustralischen Wüste leben, und zwar unter »normalen Umständen«, nicht in Zeiten lang anhaltender Dürre, wenn »er Entbehrungen erleiden muss«

(Spencer, Gillen, *The Native Tribes of Central Australia*, S. 7).

88 Mervyn Meggitt, »Indigenous Forms of Government Among the Australian Aborigines«, in: *Bijdragen tot de Taal-, Land- en Volkenkunde* 1 (1964), S. 163–180.

89 Eyre, *Journals* Bd. 2, S. 250–254.

90 Ebd., S. 263 (Hvh. d. A.).

91 Ebd., S. 254 f. (Hvh. d. A.).

92 Eyre, *Journals*, Bd. 2, S. 253 f.; Bulmer, in: Smyth, *The Aborigines,* Bd. 1, S. 142; John Mathew, *Two Representative Tribes of Queensland*, London 1910, S. 84; Spencer, Gillen, *The Native Tribes of Central Australia*, S. 32; Hiatt, *Kinship and Conflict*, S. 103–104.

93 Basedow, *The Australian Aboriginal*, S. 116. Basedow entschuldigt den Müßiggang des Volkes mit der Überfütterung, dann mit den Hungerperioden der Indigenen, die er mit den Dürreperioden in Australien erklärt, deren Auswirkungen durch die Ausbeutung des Landes durch die Weißen noch verschlimmert worden seien.

94 James Woodburn, »An Introduction to Hadza Ecology«, in: Lee, DeVore (Hg.), *Man the Hunter*, Chicago 1968.

95 James Woodburn, *The Hadza*, 1966 (Film).

96 Woodburn, »An Introduction to Hadza Ecology«, S. 51, S. 54.

97 Dieser Satz taucht in einem Beitrag von Woodburn zum Wenner-Gren-Symposium »Man the

Hunter« auf, obwohl er in der Veröffentlichung nur in der Kurzform wiederholt wird (Woodburn, »An Introduction to Hadza Ecology«, S. 55). Ich hoffe, dass ich keine Indiskretion oder Ungenauigkeit begehe, wenn ich ihn hier zitiere.

98 Lee, *Man the Hunter,* S. 33.

99 Woodburn, »An Introduction to Hadza Ecology«, S. 54. »In der Tat ist der Ackerbau die erste Erscheinungsform der Knechtsarbeit bei den Menschen. Nach der biblischen Überlieferung ist Kain, der erste Verbrecher, ein Ackerbauer.« (Paul Lafargue, *Das Recht auf Faulheit,* Berlin 2023 [1891], S. 67.)

100 Gusinde, *Die Feuerland-Indianer*, Bd. 2, S. 146. Bemerkenswert ist zudem, wie schnell die bäuerlichen Nachbarn sowohl der San als auch der Hadza bei Dürre und drohender Hungersnot wieder auf das verlässlichere Leben als Jäger und Sammler zurückgreifen. (Woodburn, »An Introduction to Hadza Ecology«, S. 54; Lee, *Man the Hunter*, S. 39 f.).

101 Polanyi, »Our Obsolete Market Mentality«, S. 115.

102 Zur gleichen Zeit, als die bürgerliche Ideologie der Knappheit in die Welt kam, wodurch automatisch eine frühere Kultur abgewertet wurde, suchte und fand diese Ideologie in der Natur das ideale Modell, dem der Mensch (oder zumindest der Arbeiter) folgen sollte, um sein unglückli-

ches Los zu verbessern: die Ameise, die fleißige Ameise. Doch es könnte sein, dass dieses Verständnis der Ameisen genauso falsch sein könnte, wie das der Jäger und Sammler. Der folgende Artikel erschien in den *Ann Arbor News* vom 27. Januar 1971 unter der Überschrift »Two Scientists Claim Ants a little Lazy«: »Palm Springs, Kalifornien (AP) – ›Ameisen sind anders als ihr Ruf‹, sagen Dr. George und Jeanette Wheeler. Das Forscherehepaar widmet sich seit Jahren der Erforschung dieser kleinen Wesen, die in sämtlichen Fabeln über den Fleiß die Helden spielen. ›Beim Anblick eines Ameisenhaufens bekommen wir den Eindruck einer enormen Aktivität, aber das liegt nur an der großen Zahl der Ameisen und daran, dass sie alle gleich aussehen‹, so die Wheefers. ›Die einzelnen Ameisen verbringen einen großen Teil ihrer Zeit mit Faulenzen. Und, was noch schlimmer ist, die durchweg weiblichen Arbeiterinnen verwenden sehr viel Zeit darauf, sich herauszuputzen.‹«

103 Smyth, *The Aborigines*, Bd. 1, S. 125 (Hvh. d. A.).

104 Le Père Pierre Biard, »Relation of New France, of its Lands, Nature of the Country, and of its Inhabitants«, in: R. G. Thwaites (Hg.), *The Jesuit Relations and Allied Documents*, Bd. 3, Cleveland 1897 (erste französische Ausgabe, 1616), S. 84 f.

105 Spencer, Gillen, *The Native Tribes of Central Australia*, S. 53.

106 Basedow, *The Australian Aboriginal*, S. 116.

107 LeJeune, »Relation of What Occurred in New France«, S. 281, 283.

108 Woodburn, »An Introduction to Hadza Ecology«, S. 53.

109 Gusinde, *Die Feuerland-Indianer*, Bd. 2, S. 594, S. 596.

110 Codere, »Money-Exchange Systems and a Theory of Money«.

111 Lee, »!Kung Bushman Subsistence«, S. 75.

112 LeJeune, »Relation of What Occurred in New France«, S. 283; siehe auch Rodney Needham, »Siriono and Penan: A Test of Some Hypotheses«, in: *Southwestern Journal of Anthropology* 10 (1954), S. 228–232, hier: S. 230.

113 Smyth, *The Aborigines*, Bd. 1, S. 123.

114 Harold C. Conklin, *Hanunóo Agriculture: A Report on an Integral System of Shifting Cultivation in the Philippines*, Rom 1957, S. 151.

115 Woodburn, »An Introduction to Hadza Ecology«, S. 52.

116 Gusinde, *Die Feuerland-Indianer*, Bd. 2, S. 306 f.

117 Robert H. Lowie, »Subsistence«, in: Franz Boas (Hg.), *General Anthropology*, Boston 1938, S. 286.

118 Donald F. Thomson, *Economic Structure and the Ceremonial Exchange Cycle in Arnhemland*, Melbourne 1949, S. 33 f.

119 Donald F. Thomson, »Arnhemland: Explorations Among an Unknown People«, in: *The Geographical Journal* 113 (1949), S. 1–8; *The Geographical Journal* 114 (1949), 54–67.

120 Thomson, *Economic Structure and the Ceremonial Exchange Cycle*, S. 26, 28, 34 f., 87.

121 LeJeune, »Relation of What Occurred in New France«, S. 249.

Erste Auflage Berlin 2024

MSB Matthes & Seitz Berlin
Verlagsgesellschaft mbH
Großbeerenstraße 57 A, 10965 Berlin
info@matthes-seitz-berlin.de

Satz: Monika Grucza-Nápoles, Cartagena
Druck und Bindung: Art-Druk, Szczecin
Umschlaggestaltung nach einer Idee von
Pierre Faucheux
ISBN 978-3-7518-3024-9
www.matthes-seitz-berlin.de